Reseña

"Artistas del cambio es una perspectiva brillante sobre los desafíos de la sucesión y el funcionamiento de un negocio familiar. Como propietario y director de una empresa familiar de tercera generación, me siento muy identificado con el libro. Las innovadoras estrategias del Foro que se presentan en este pueden aplicarse a cualquier empresa y ayudan a crear una cultura de confianza, transparencia y respeto, lo que diría, es la clave para el éxito. Recomiendo ampliamente a todos los líderes empresariales que lean este libro inspirador".

—James Iacino,
Presidente Ejecutivo de Seattle Fish Company,
YPO Colorado

"Es un libro imprescindible. Aunque el libro se desarrolla en un restaurante familiar, la historia podría suceder en cualquier parte ya que los desafíos interpersonales son universales. La historia sobre como Eddie Jr. ayuda a salvar el restaurante familiar es inspiradora, pero la manera en que la que lo hace, aplicando lo que ha aprendido de su Foro YPO, le puede cambiar la vida a cualquiera, ya sea en tu empresa o tu familia. Encontrarás consejos muy prácticos sobre cómo escuchar mejor, ser mejor empleado, gerente, pareja y padre".

—Brandon Simmons,
Director General de Tachyus Corp,
YPO Global One

"Es una excelente historia que explica cómo funcionan los Foros en donde se comparten experiencias. Puedes identificarte con la historia y los pasos de acción al final de cada capítulo permiten la aplicación práctica del proceso del Foro. ¡Recomiendo ampliamente que todos los líderes empresariales lean este libro!"

—Kerry Siggins,
Director General de StoneAge Technology,
YPO Global One

"Una lectura imprescindible para cualquiera que esté en una empresa familiar o iniciando una. El libro captura la complejidad de los distintos personajes, especialmente la personalidad "tipo A" del padre emprendedor, quien comenzó todo y muestra cómo afecta a su familia tanto de forma positiva como negativa. La honestidad del diálogo interno es increíble. Gracias por escribir este libro".

—Tom Clark,
Director General de Clark's Market,
YPO Colorado

"Es un excelente libro que te proporciona ejercicios clave en cada capítulo para describir el poder de la cultura de tu empresa y transformarla. Después de leerlo, lo implementé en mi negocio y seguiré utilizándolo como guía del elemento que mantiene unida a una empresa: la cultura".

—Julio Monzon,
Presidente de MonetizeMore,
YPO Global One

"Inspirador y preciso en todos los aspectos. Artistas del cambio es una combinación excepcional de una historia altamente entretenida, sincera y, sobre todo, de aprendizaje. Una lectura indispensable para cualquiera que quiera conocer la manera ideal de hacer que un equipo se comprometa y motivarlo a dar lo mejor de sí mismo".

—David Turner,
Director General de Velocity Now y asesor ejecutivo,
YPO Colorado

"Todos queremos disfrutar la vida al máximo. El libro y el programa proporcionan las herramientas y marcan un camino que los líderes pueden seguir para crear más bondad, relaciones y abundancia en el mundo".

—Wesley Cullen,
YPO Puerto Rico

"Artistas del cambio es una excelente manera de presentar a todo tu equipo el método del Foro. Ahad escribió una historia entretenida y fácil de entender que muestra de manera clara cómo un mejor liderazgo y una mayor responsabilidad comienzan con mejores relaciones".

—John McClendon,
Presidente de Union Bank & Trust Co.,
YPO Gold Arkansas

ARTISTAS DEL CAMBIO

Por Ahad Ghadimi

ARTISTAS DEL CAMBIO
Published by Forums@Work Publishing™
Copyright © 2020 Ahad Ghadimi

All rights reserved.

No part of this book may be reproduced, distributed or transmitted in any form by any means, graphic, electronic, or mechanical, including photocopy, recording, taping, or by any information storage or retrieval system, without permission in writing from the publisher, except in the case of reprints in the context of reviews, quotes, or references.

Cover design by Chiara Ghigliazza
Layout design by Eled Cernik

Printed in the United States of America

ISBN: 979-8-9876618-0-2

Dedicado a los hombres y las mujeres que trabajan en la primera línea de los negocios.

Desde restaurantes y hoteles, hasta supermercados, centros de atención telefónica, clínicas y líneas de producción. He presenciado el increíble esfuerzo que realizan y los grandes desafíos de su entorno laboral.

Les tengo un gran respeto y admiración por lo que hacen.

Este libro es para celebrarlos, empoderarlos y apoyarlos.

Tabla de contenido

Prólogo 11

Introducción del autor:
Mi motivación para escribir este libro 15

Capítulo 1
Conflicto familiar 27

Capítulo 2
Nada es lo que parece 35

Capítulo 3
Semana de gratitud 57

Capítulo 4
El arte de escuchar 77

Capítulo 5
Definiendo el liderazgo 97

Capítulo 6
¿Cómo me perciben los demás? 113

Capítulo 7
Establecer intenciones 129

Capítulo 8
Ser vs. Hacer 145

Capítulo 9
Elogiar a los demás y a nosotros mismos 161

Capítulo 10
Liderar con preguntas 175

Capítulo 11
El síndrome del impostor 187

Capítulo 12
Sigue al líderv 195

Epílogo 205

Es tu turno de liderar una revolución cultural 209

Conclusión del autor 211

Acerca del autor 217

Agradecimientos 221

Prólogo

Los ojos de Eddie Jr. miraban fijamente a la puerta mientras esperaba la más mínima señal de actividad, conteniendo su respiración para escuchar mejor.

Estaba sentado sobre el borde del sillón hasta tal punto que corría el riesgo de caerse. Estaba concentrado; sus pies estaban colocados como en posición inicial de un corredor, un pie ligeramente en frente del otro.

Había tenido que insistirle mucho a su madre hasta que finalmente aceptó y le permitió quedarse despierto un poco más tarde de lo usual para mostrarle la tarea a su padre. Era un proyecto de ciencias en el que había estado trabajando durante varios días y estaba más orgulloso de eso que de cualquier otra cosa que hubiera hecho antes.

No fue fácil mantenerse despierto hasta tarde pero su madre pudo ver cuánto significaba para él. Eddie Jr. logró asegurar la tan anhelada extensión de su hora de dormir con futuras promesas que incluían portarse bien y comerse todos sus vegetales en la cena.

Todo lo que le quedaba hacer era esperar hasta el momento en la que su padre finalmente llegara a casa, miraba fijamente al reloj que avanzaba extremadamente lento, segundo tras segundo. Con ocho años, Eddie había aprendido recientemente a leer la hora y tras observar durante semanas, descubrió que a las 8:48 p. m. era cuando usualmente escuchaba el ruido de las llaves del otro lado de la puerta de su apartamento.

Toda la tarde se había preparado para este momento. Eddie Jr. escuchaba atentamente y su concentración lo ayudaba a distinguir entre el ruido del escandaloso vecindario, el cual se había convertido en el ruido de fondo de su vida en ese pequeño apartamento, y el tan importante sonido de las llaves.

Finalmente, apareció el ruido de las llaves de su padre. Se preparó, corrió por el pasillo hacia la puerta mientras la cerradura giraba y se detuvo a medio camino con su tarea orgullosamente en su mano.

La puerta se abrió y su padre entró. En una mano agarraba con fuerza su pesado y deteriorado maletín de cuero y en la otra, las llaves, con el perpetuo ceño fruncido que le hacía juntar sus gruesas cejas.

—¡Mira lo que hice, papi! —exclamó Junior en cuanto su padre cerró la puerta.

El padre miró firmemente a su hijo.

—¿Por qué diablos sigues despierto? —gruñó y siguió adelante sin siquiera darle un vistazo a su tarea.

—Quería mostrarte mi…

—¡Vete a dormir! Maureen, ¿por qué diablos sigue despierto?

Entró a la cocina con pasos fuertes, dejó caer su maletín sobre la mesa y se desplomó en una silla, con su abrigo aún puesto. Sus ojos estaban cansados mientras miraba a la nada y se mostraba abrumado.

Eddie Jr. seguía de pie en el pasillo, paralizado por el desdén de su padre. La mamá miró a su hijo, quien tenía una expresión de decepción devastadora y luego miró a su esposo.

—Fuiste algo duro, cariño. Eddie te esperó despierto sólo para verte; eres su ídolo.

—Te he dicho cientos de veces que no debería estar despierto después de su hora de dormir. —gritó. Después suspiró profundamente y miró a su esposa, quien estaba en la entrada tratando de resolver las diferencias entre padre e hijo. —Las cosas no están yendo bien. Despedí a Daphne hoy. Voy a tener que ir temprano mañana para abrir el negocio.

Eddie Jr. se acercó un poco a la cocina, dudando qué hacer. Su madre lo miró de reojo y sacudió la cabeza brevemente, indicándole que se fuera a su habitación. Aún con su tarea en mano, Eddie se fue cabizbajo, arrastrando los pies, con un cansado y decepcionado paso a la vez, deseando desesperadamente que lo llamaran de vuelta. Se detuvo en la entrada de su cuarto; aún podía escuchar las voces de sus padres.

—Pero si ya estás trabajando doce horas diarias, no puedes seguir así, cariño. ¿Por qué no le llamas a tu padre? Quizás puede darte algún consejo.

—Al diablo con su consejo; no necesito su ayuda. Ya te dije, voy a hacer que este lugar sea un éxito. Nos voy a sacar de esta burla de apartamento y nos mudaremos a una verdadera casa. Se lo demostraré; no necesito a nadie Junior se dio cuenta de que no lo llamarían. Cerró la puerta de su habitación, se arrojó sobre la cama y se echó a llorar.

Introducción del autor

Mi motivación para escribir este libro

Crecí creyendo que los premios y los grandes éxitos llenarían el vacío del valor y significado en mi vida, así que los busqué frenéticamente. Justo después de graduarme de una de las mejores universidades en negocios del mundo, me mudé a Costa Rica y fundé una línea de trajes de baño para mujeres con una ex Miss Francia. En nuestro primer año aparecimos en la icónica *Sports Illustrated Swimsuit Issue* y otras revistas de moda, desde *Vogue*, hasta *InStyle* y *Women's Wear Daily*. Rápidamente la marca se convirtió en la primera opción de trajes de baño de celebridades de primer nivel (y públicamente negamos hacerle una versión masculina de nuestros trajes a Ricky Martin).

A partir de ahí, mi vida se llenó de muchas experiencias emocionantes y enriquecedoras. Pasé del colorido y salvaje mundo de la moda, a la cima del mundo corporativo de Francia. En el elegante distrito de la Ópera de Paris, me nombraron Gerente Mundial de Capacitación del Grupo Danone antes de mi cumpleaños número 25. Lideré la innovación, cultura y la gestión del cambio en 111 países y 95,000 empleados alrededor del mundo. Diez años después, tuve puestos como director ejecutivo y era dueño de participaciones en una variedad de empresas cuyo total era de más de 30 millones de dólares en ingresos.

Había cumplido mi anhelado sueño de ser un artista del cambio, de ser la persona que soluciona los problemas de las empresas. Sentí que ya no había nada más que pudiera hacer. Un perfil de LinkedIn impresionante, perfecto para iniciar conversaciones en fiestas, se mostraba la imagen de una vida plena. Sin embargo, en medio de todo, no importaba en qué lugar exótico viviera, o qué proyecto emocionante dirigiera, tenía un sentimiento profundo de soledad…

No tenía idea de que no era el único que se sentía así. Me di cuenta cuando acepté una invitación para unirme a YPO *(Organización para Presidentes Jóvenes, por sus siglas en inglés)*. Escuché sobre YPO por primera vez cuando era un adolescente por parte de un mentor que era miembro. Es una organización de socios muy exclusiva para personas menores de 45 años que desempeñan el puesto de Director Ejecutivo o Presidente de medianas a grandes empresas. Ofrece bastante prestigio y un toque de modernidad.

Meses después de volverme miembro, empecé a disfrutar de las experiencias exclusivas de YPO, como tener acceso especial a una docena de presidentes de diversos países en la Semana de las Naciones Unidas en Nueva York; una reunión íntima frente a una fogata con Lance Armstrong; y jugar al póker junto con Flava Flav en un juego organizado por Molly Bloom en West Hollywood. Sin embargo, a pesar de que a muchos inicialmente les atrae la membresía por su prestigio, la razón por la que renuevan su membresía anual es por su Foro.

La vida después de unirse al Foro de YPO

La organización del Foro es bastante sencilla. Los miembros son asignados en un grupo con otros siete o nueve Directores Ejecutivos y se reúnen cada mes durante cuatro horas para compartir información sobre su vida empresarial, personal y familiar. En concreto, hablamos de lo bueno, lo malo y lo feo, también conocido como el 5% de lo mejor y el 5% de lo peor, de lo que hemos estado pasando en todos los aspectos de nuestras vidas. Desde la salida de un negocio multimillonario, hasta el diagnóstico de cáncer o alguna infidelidad, tu Foro suele saber más sobre ti que cualquier otra persona en el mundo. El compromiso es estricto. Si faltas a dos sesiones te sacan automáticamente. Incluso llegar tarde a una reunión podría costarte hasta mil dólares el minuto.

Para mí, las reuniones del Foro me cambiaron la vida. En mi primera sesión tuve un gran momento de revelación, un momento "¡Eureka!".

Cuando recién me uní a YPO, era la persona más joven en mi sección. Los logros de mis compañeros de Foro literalmente eran fuera de este mundo (una persona mandaba satélites al espacio y eso era solo uno de sus tantos negocios). Antes de nuestra primera reunión estaba muy nervioso por tener que sincerarme y ser vulnerable frente a mis nuevos compañeros, tanto que casi no asisto a la primera sesión. Imagina que te preocupa que tu codiciada membresía pueda ser revocada por tus miedos e inseguridades.

Mi primera reunión fue en una sala de juntas en uno de los pisos más altos de uno de los edificios del centro de Denver. Las persianas de la sala de juntas estaban cerradas y había un letrero en la puerta que decía "NO MOLESTAR". Los siete miembros nos sentamos en un círculo. Me senté y escuché a los otros hablar de los altibajos de sus vidas personales y profesionales. Me podía identificar mucho con lo que compartían. Francamente me sorprendió que otros Directores Ejecutivos *de ese nivel* se estaban enfrentando a los mismos desafíos que yo. Yo fui el último en compartir. Cuando llegó mi turno, mi cara estaba acalorada, mi corazón latía fuertemente y sentí como si estuviera en un agitado viaje en bote mientras mis compañeros de Foro me miraron y dijeron—: Sigues tú.

A pesar de mis temores, comencé y hablé sobre lo que estaba yendo bien y también de algunos pocos problemas por los que estaba pasando. Sentía que eran cosas muy triviales y no pude evitar pensar sobre cómo mis compañeros de Foro revelaron detalles increíblemente personales y privadas de su vida. Y ahí estaba yo, fingiendo, sintiéndome poco sincero, nada *auténtico*.

Me detuve y respiré profundo. Me dije «*No tiene sentido hacer esto si no lo voy a hacer como se debe*». Todos estaban mirándome; era ahora o nunca.

—Está bien, voy a ser sincero con ustedes —anuncié—, estoy teniendo dificultades con un trato en el que estoy trabajando. De hecho, estoy tan atascado que no tengo ni la más mínima idea de qué hacer.

Incentivado por las expresiones de interés frente a mí, me arriesgué y realmente empecé a hablar sobre el *cinco por ciento de lo peor* de mi empresa, de todo lo que estaba yendo mal. Hablé sobre las cosas con las que tenía dificultades en mi vida personal y familiar. Conté todo y pasé cada segundo pensando si estaba haciendo lo correcto.

Cuando finalmente terminé, me senté y pensé sobre qué pasaría después. El silencio que sigue tras desahogarte puede sentirse eterno. Justo como el paracaidismo, me había lanzado y estaba cayendo libremente. ¿Acaso habría un paracaídas o solo la brutalidad de estrellarse contra el piso a una gran velocidad?

Entonces, uno de mis compañeros de Foro asintió con su cabeza y dijo,

—Oh, definitivamente he pasado por eso, y más de una vez. Otra compañera de Foro suspiró y levantó su mano.

—Sip, estoy pasando por algo similar justo ahora. Hay que hablar más sobre esto, también estoy atascada.

Intenté en vano ocultar la sonrisa de alivio en mi cara. ¡No estaba solo!

Es imposible poner en palabras lo que sentí esa tarde, pero nunca lo olvidaré. Cuando me fui me sentí entusiasmado y eufórico. En lugar de tomar un Uber, caminé (prácticamente floté) los cuarenta minutos de regreso a casa esa agradable tarde de Colorado, pensando:

«¿Y si hubiera faltado a la reunión?»

«¿Cómo me hubiera dado cuenta de que otras personas estaban *pasando por lo mismo?*»

«¿Cuánto tiempo me hubiera martirizado innecesariamente por eso?»

«¿Qué tan diferen*te sería mi vida si me hubiera unido antes al Foro?*»

Experimenté por primera vez lo que era estar en un Foro. Había dado el primer y tímido paso para salir de la soledad para sentir la conexión y ser parte de una comunidad con otros como yo. Mientras más pensaba sobre eso, más me daba cuenta de los grandes beneficios que esto tendría para las personas, las empresas y la sociedad en general.

Esa noche, mi cabeza aún daba vueltas mientras estaba recostado en mi cama. Pensé: «Si los Directores Ejecutivos de grandes empresas confían en este tipo de apoyo y la opor*tunidad de ser vulnerables para ayudarles con sus vidas, ¿qué se supone que deben hacer los demás?*».

Al estar en un Foro *experimenté* por mí mismo como mis compañeros compartían "mis" problemas y cómo tener un espacio verdaderamente seguro para compartir estas experiencias podían transformar una vida. Entre más pensaba en ello, más quería encontrar la manera de compartir esta experiencia, este increíble recurso con otras personas; y es así como nació la idea de escribir este libro.

Creación de Artistas del Cambio

Tras el éxito de la primera edición de Artistas del Cambio, inicié forums@work para ayudar a las empresas de todo el mundo a hacer realidad los Foros y las lecciones de esta historia en el trabajo y en casa. Forums@work es una plataforma digital de capacitación que ofrece programas basados en los Foros para equipos de cualquier nivel dentro de una organización. Nuestros programas contienen videos detallados, guías, artículos y otros recursos para que puedas liderar tu propia aventura de Artistas del Cambio.

La historia real comprendida en este libro muestra a los personajes reuniéndose en un Foro y completando los Pasos de Acción cada semana con el objetivo de transformar la cultura y liderar a la empresa mediante un cambio. El libro cuenta su historia mientras que nuestro programa de Artistas del Cambio en la plataforma de forums@work te proporciona las herramientas que necesitas para transformar a tu equipo y a tu organización.

Cada semana tú y tu equipo leerán el siguiente capítulo y revisarán los recursos digitales de capacitación en el módulo correspondiente. Después, utilizarás nuestra Guía de moderador del Foro para liderar tu propia reunión semanal de Foro, de la misma manera que Eddie Jr. lo hace para el equipo de Michelle's Bakery Cafe.

Nuestro programa proporciona todo el material que necesitas para tu reunión semanal de Foro y sigue una poderosa fórmula para impulsar un cambio en el comportamiento y que se conserve. Cada reunión del Foro termina con un Paso de

Acción para que, durante la semana, tú y tu equipo apliquen de inmediato lo que aprendieron, creando un cambio en su comportamiento que comenzarán a notar de inmediato. Con cada capítulo y reunión del Foro, aprenderás una nueva herramienta o habilidad de liderazgo que podrás compartir con tu familia en casa, tal como lo hacen los personajes en el libro. Este método comprobado, en el que se combina la educación, discusión y aplicación logra un impacto inmediato en toda la organización.

A pesar de que el formato es conocido y ha resultado exitoso, con frecuencia recibimos preguntas de nuestros potenciales clientes de forums@work, sobre todo de aquellos que tienen experiencia en Foros de ayuda mediante organizaciones como YPO.

- ▸ ¿Cómo funciona la confidencialidad del Foro entre los equipos de trabajo?
- ▸ ¿Debo compartir las mismas cosas con mi Foro de trabajo que con mi foro habitual?
- ▸ ¿Realmente veremos una diferencia después de 12 semanas?

Amamos escuchar estas preguntas ya que sólo se necesita una reunión del Foro para que los participantes experimenten la respuesta por sí mismos. Nuestras Guías del moderador muestran claramente cómo adaptar la confidencialidad del Foro y las actualizaciones personales en el área de trabajo. Notarás una diferencia favorable tras cada reunión a medida que los miembros del equipo pongan en práctica el Paso de Acción semanal.

Por último, a pesar de que esta historia se desarrolla en un restaurante, las lecciones y los conceptos han sido probados en casi todos los continentes (¡Esta va por ti, Antártica!), en diversos negocios como manufactura, agricultura, servicios profesionales, ventas, organizaciones sin fines de lucro, bienes raíces y tecnología. El motivo por el cual nuestro programa funciona en todos los casos y con todos los equipos es porque aborda las necesidades psicológicas clave que todos tenemos como seres humanos: la conexión, el sentido de pertenencia y la comprensión. Tal como lo menciona uno de los miembros de nuestro equipo, si eres humano, este programa es para ti.

Miles de empleados y un sinfín de organizaciones en 19 países (¡y contando!) han utilizado nuestro programa de forums@work para transformar la cultura de su empresa, incrementar la participación de los empleados, reducir la rotación de personal y crear un lugar de trabajo en donde las personas disfruten ir a trabajar todos los días. Para los equipos híbridos o totalmente remotos que no comparten un espacio de oficina, nuestros programas crean conexión, compañerismo y una cultura de la empresa virtualmente positiva. Es ideal para equipos nuevos que se forman rápidamente y miembros nuevos que se integran al equipo, proporcionándoles una experiencia compartida y una función activa en la contribución a la cultura de la empresa.

La accesibilidad es uno de nuestros valores principales, por lo que hemos diseñado nuestros programas para que las organizaciones sean capaces de comenzar y mantener sus Foros sin depender de las costosas horas pagadas a los moderadores.

Aunque contamos con increíbles Moderadores Certificados del Foro para asistirte con tus foros por un costo adicional, nuestro programa capacitará a todos los miembros de tu equipo para convertirlos en moderadores de Foro. Logramos que nuestros precios para el programa de forums@work sea accesible para organizaciones de cualquier tamaño y para que llegue al máximo número de empleados posible.

Si estás leyendo este libro y no cuentas con nuestra plataforma de forums@work y estás interesado en conocer cómo nuestros programas pueden funcionar para tus equipos, por favor visita forumsatwork.com y llena nuestro formulario de contacto. Nuestro equipo está a tu disposición para reunirse contigo y discutir las metas de tu organización para desarrollar recomendaciones personalizadas para potenciar el poder del Foro en tu lugar de trabajo.

> *No es posible cambiar todo aquello a lo que nos enfrentamos, pero todo puede cambiar hasta que lo enfrentamos.*
>
> JAMES BALDWIN

CAPÍTULO 1

Conflicto familiar

Eddie se apresuró a entrar a la oficina emocionado de regresar al trabajo. Su cara estaba bronceada, y a pesar del ligero desfase de horario, se sentía listo y lleno de energía. Las personas lo saludaban mientras avanzaba hacia su oficina.

—Hola, Ed. ¿qué tal tus vacaciones?

—¡Llegaste completo!

—¡Bienvenido de vuelta!

Eddie se sentó en su silla. Todo parecía normal, familiar. Era difícil de creer que hace poco más de 24 horas había estado esquiando en Val d'Isère, en lo alto de los Alpes franceses.

Apenas había encendido su laptop cuando su socio, Chris, entró a la oficina con dos humeantes tazas de café en las manos.

Después de unos minutos de conversación casual, Chris cambió de tema.

—El trato con Campbell sigue sin resolverse —le comentó a Eddie—. Creo que debes viajar de nuevo a San Francisco para cerrar el trato.

Eddie suspiró. Había deseado pasar algunos días tranquilos en la oficina para ponerse al corriente.

—¡Si es lo que hay que hacer! Chris se rio y se puso de pie.

—No finjas que no te gusta. ¿Almuerzo en *Fushierman's Wharf*? ¿Cena en *Mission*? —sonrió Eddie.

—¡Si tengo que hacerlo!

—Les informaré que vas a ir y le pediré a Josie que haga las reservaciones. ¿Te parece bien el miércoles?

—Seguro.

Chris se apresuró a salir, permitiéndole a Eddie recuperar el aliento por un minuto. Apenas había empezado a revisar sus correos cuando sonó su teléfono, miró la pantalla: Mamá.

Eddie sabía el motivo de su llamada. Mientras estaba de viaje, su padre había tenido un accidente de auto y terminó en cama con una pierna fracturada. Eddie había prometido ir a verlos tan pronto como pudiera, pero ahora con el viaje a San Francisco en su agenda, tendría que posponerlo hasta el fin de semana.

—Hola, mamá.

—¿Eddie, cariño? Es tu mami.

—Sí, mamá. ¿Cómo está papá?

—Molesto, frustrado, gruñón.

—¿Entonces igual que antes?

—Está preocupado por el restaurante. No ha ido en más de una semana. Está inquieto y alterado. Quiere que vengas a supervisarlo hasta que él se recupere.

—No me es posible, mamá. Van a estar bien, todos son adultos. Ellos saben qué hacer sin que papá esté encima de ellos a cada minuto. Se está comunicando con Olga, ¿no?

—Todo el día, todos los días. Me sorprende que esa mujer tenga el tiempo de hacer algo.

Eddie suspiró y se frotó la frente. No estaba de humor y no tenía tiempo para eso, en especial ahora.

—Mamá, acabo de llegar a la oficina, tengo trabajo que hacer. Intentaré visitarlos este fin de semana —prometió.

Eddie logró finalizar la llamada a pesar de las quejas de su madre y empezó a trabajar. Sin embargo, ya podía sentir un nudo en la garganta de solo pensar que tenía que hablar con su padre. Eddie creció con el control excesivo de su padre y había visto el impacto que tenía sobre los empleados del restaurante y su familia. No había manera de que fuera a poner un pie en ese caos.

San Francisco era tan encantador como siempre. La ciudad tenía cierta vitalidad que energizaba a Eddie, era una combinación del bullicio de la gran ciudad y la brisa del mar. Y tal como Chris le había sugerido, almorzó en *Fisherman's Wharf*. Se sentó en la terraza y comió langosta fresca, mientras contemplaba los veleros mecerse sobre las suaves olas, con sus cabos repicando ligeramente contra los mástiles. Tenía una reunión a las tres de la tarde con sus clientes y tenía el tiempo suficiente para dar un paseo rápido antes de pedir un taxi hacía

Richmond. Eddie necesitaba tiempo para despejar su mente y pensar sobre la reunión. La empresa de Eddie se dedicaba a comprar empresas en las que sus dueños estaban por jubilarse y las transformaban en empresas en donde los empleados eran los propietarios. Había algunos que ansiaban jubilarse y dejar atrás el estrés, mientras que a otros se les dificultaba soltar las riendas, como su cliente en San Francisco. Mientras se levantaba de la mesa, su teléfono comenzó a sonar, tal como lo hacía 50 veces al día.

Mamá.

Otra vez.

—Hola, mamá. ¿Cuál es la emergencia de hoy?

—Olga me acaba de llamar.

—¿Te llamó directamente? ¿Y?

—Dice que es un caos. Tu papá les continúa llamando a todos y les da instrucciones contradictorias. Parece que nadie sabe lo que debe hacer.

Eddie comenzó a caminar y apreció la vista. No se iba a involucrar.

—Dile a papá que los deje en paz, que los deje de molestar para que puedan hacer su trabajo.

—Olga dice que están en problemas —suspiró Eddie.

—Mamá, ese es el estado natural de la industria restaurantera. Siempre va a ser un poco caótico. Dales unos días y todo se calmará.

—¿Unos días? —su madre sonaba estresada y ansiosa—, no tenemos unos días. Olga dijo que si no estás aquí para el fin de semana no sobrevivirá el negocio.

—Mamá, ya te dije, no voy a llegar como un caballero de brillante armadura a salvar el negocio. Eso no es lo que necesita.

«Tampoco es lo que necesito», pensó, pero no lo dijo. La voz de su madre se cortó, Eddie apenas podía oírla.

—Eddie, tengo miedo. Si alguien no hace algo pronto, todo por lo que tu padre ha trabajado estos últimos 30 años se va a ir a la basura. Y sólo Dios sabe cuánto le afectaría a tu padre. Es su vida.

Eddie guardó el teléfono en su bolsillo y contempló el agua, oscura y profunda. Miró el incesante vaivén de las olas hacia la orilla. Sabía lo que tenía que hacer, tenía que hacer lo que más temía, aquello de lo que había estado huyendo toda su vida, pero ahora ya no tenía opción. Podía ignorar las suplicas de su madre y dejar que el negocio se desmoronara, e incluso fuera clausurado, o podía hacer algo. Podía regresar a casa, enfrentar a su padre, enfrentar a sus demonios. Eddie se dedicaba a tomar el mando de los negocios y devolverlos a la vida, y era bueno en eso, pero ésta sería la prueba definitiva. Como empresario nunca hubiera tomado el mando de un negocio como ese. Pero como hijo se sentía obligado a hacerlo, a pesar de sus quejas. Salvar el negocio de su padre iba a ser el desafío más intimidante al que jamás se hubiera enfrentado, como empresario y como hijo.

Capítulo 1: ¿Qué sigue?

Nuestra plataforma forums@work proporciona herramientas y recursos interactivos para llevar la historia y el éxito de Artistas del Cambio a tu organización. Nuestro atractivo contenido muestra paso a paso cómo crear un Foro en tu área de trabajo para crear relaciones más profundas, confianza y seguridad psicológica entre los miembros del equipo. En el Foro, tu equipo aprenderá de manera inmediata habilidades prácticas para mejorar su liderazgo y desempeño cada semana.

La Científica de Comportamiento Organizacional de Harvard, Dra. Amy Edmonson, define la seguridad psicológica como "una creencia compartida que tienen los miembros de un equipo sobre que el equipo es seguro para tomar riesgos interpersonales[1]". Las organizaciones con altos niveles de seguridad psicológica crean una cultura en donde los empleados se sienten cómodos y seguros al comunicar sus preocupaciones, contribuir nuevas ideas y compartir sus perspectivas únicas[2]. La seguridad psicológica permite alcanzar objetivos empresariales fundamentales, como[3]:

- ▸ Mejorar el compromiso del empleado.
- ▸ Fomentar una cultura inclusiva en el lugar de trabajo.
- ▸ Inspirar la creatividad y la innovación.
- ▸ Mejorar el bienestar del empleado.

---

1 https://rework.withgoogle.com/guides/understanding-team-effectiveness/steps/foster-psychological-safety
2 https://hbr.org/2022/08/resilient-organizations-make-psychological-safety-a-strategic-priority
3 https://www.betterup.com/blog/why-psychological-safety-at-work-matters

- Reducir la rotación de personal.
- Mejorar el desempeño.

A medida que construyas relaciones más profundas y habilidades de liderazgo con tu Foro, observarás rápidamente cambios en las personas y en la organización que transforman favorablemente el funcionamiento de tu empresa. Imagina lo que podría suceder si todos los miembros de tu equipo participaran en un Foro.

> *Un viaje de mil millas comienza con el primer paso.*
>
> LAO TZU

CAPÍTULO 2

Nada es lo que parece

—¿Señor? ¿Disculpe, señor? ¿Está dispuesto a ayudar en caso de emergencia? —Otro día, otro vuelo. Eddie Jr. miró al sobrecargo.

—Claro, ¿por qué no?

Irónico, en realidad. Ese era el motivo preciso por el cual estaba ahí en primer lugar. Su trabajo consistía en ir de una situación de crisis a otra, justo como un bombero corriendo entre las personas evacuadas y el humo y las llamas. Sin embargo, esto iba a ser diferente a cualquier infierno al que se hubiera enfrentado antes.

Era domingo en la mañana y estaba de camino a Toronto para ayudar a salvar otro negocio. Solo que en esta ocasión no era cualquier negocio, era el negocio familiar.

No era sorprendente que estuviera en modo de Salvador. Siendo el mayor de cuatro hermanos, cumplía perfectamente con el estereotipo ya que se sentía responsable por absolutamente todo. Le habían dicho que su cabello oscuro y sus facciones definidas le daban una apariencia seria y distinguida, sin embargo, regresar al restaurante lo hacía sentir como si tuviera ocho años de nuevo. Mientras crecía, observó como el negocio afectaba de manera agotadora a sus padres, por lo que no los miraba seguido. En el fondo, no podía evitar sentir que habían elegido al negocio sobre él. Ser el último en ser recogido de la guardería hasta altas horas de la noche, afecta a cualquier niño. En uno de sus muchos momentos de frustración y carga emocional en la adolescencia se juró así mismo, que sería diferente cuando creciera, que nunca trabajaría en la industria restaurantera, que se mantendría lo más lejos posible de ella.

La omnipresencia del negocio familiar no tenía fin. Junior escuchaba a sus padres hablar sobre los problemas del día cada noche durante la cena. Los conflictos que tenían con los empleados, situaciones en las que sus empleados de confianza les habían robado, disputas con el Sindicato, sus dificultades para poder encontrar buenas personas... y la lista seguía. También estaban las llamadas a mitad de la noche cuando algo se descomponía o alguien no se presentaba. Incluso las vacaciones familiares se veían afectadas por el trasfondo de la ansiedad y el estrés laboral. Eddie Jr. podía recordar claramente la angustia durante su niñez cuando le arruinaban sus vacaciones perfectas en Disneylandia en un abrir y cerrar de ojos después de que les avisaran que algo malo había pasado en el restaurante.

A pesar de ser un niño, Eddie sabía que tenía que haber otra manera. Otra manera de trabajar, otra manera de dirigir un negocio, otra manera de vivir. Mientras tanto, miraba a sus padres desgastados por los constantes altibajos que sucedían mientras se esforzaban por crear una vida cómoda para su familia. Con frecuencia, Eddie pensaba que su padre era un superhumano por cómo afrontaba todos esos problemas día tras día. Sin embargo, desde el reciente accidente del Sr. Edward, la humanidad y fragilidad del hombre se habían revelado rápidamente como heridas antiguas que quedaron al descubierto súbitamente.

Si la gerente general, Olga, estaba diciendo la verdad, el restaurante se había estado desplomando como un avión en caída libre desde el accidente de su padre. Las ventas habían bajado, uno de los gerentes clave del restaurante había renunciado, y la queja de un cliente ocasionó que se realizara una investigación por parte del consejo de salud y seguridad. El restaurante estaba en la cuerda floja. Un paso en falso y todo el negocio podía ser clausurado.

«Esto es absurdo», pensó Eddie Jr., Sus padres habían dedicado más de treinta años de sus vidas a construir una empresa exitosa y solo unas cuantas semanas de ausencia amenazaban con desmoronar todo. No era de extrañar que su papá siempre hubiera trabajado tanto como lo había hecho. El lugar no podía sobrevivir sin él por la manera en que lo dirigía.

El aeropuerto Toronto Pearson era ruidoso y estaba lleno de gente. Mientras cargaba su equipaje de mano por el ajetreado aeropuerto, se preguntaba si había empacado lo suficiente.

¿Cuánto tiempo se iba a quedar? ¿Qué le esperaba en el restaurante? Salió de la terminal y se encontró con la fresca mañana de la primavera canadiense. Se subió a un taxi y empezó a prepararse mentalmente para el restaurante. Tenía la mirada ausente y su mente estaba a kilómetros de distancia mientras la carretera lo llevaba por zonas industriales y centros comerciales, y hacia el centro de la ciudad. Cada kilómetro lo llevaba cada vez más cerca del inevitable caos del restaurante de su familia.

Michelle's Bakery Café, Toronto, Canadá.
jueves 5 de junio, 9:55 a. m. EST

Michelle's estaba lleno al punto del frenesí cuando Eddie entró. La lluvia matutina amenazaba con atraer más clientes al lugar. A mitad de la hora pico, el ambiente del bistró francés clásico con sus mesas de mármol, piso con loza a juego y sillas de hierro forjado con asientos de cuero blanco acolchado, estaría prácticamente sumergido bajo el bullicio de un mar de personas. La mesera no lo conocía, por lo que Eddie pudo ordenar un café y un sándwich y sentarse a observar todo en una mesa en la esquina, antes de que alguien notara que estaba ahí. Necesitaba unos minutos para recuperar el aliento y ajustarse al ritmo del lugar antes de empezar a trabajar, por lo que se dejó puesto su sombrero y se escondió detrás del periódico. Si alguien del personal lo reconocía, se le habría acabado el tiempo y sería arrastrado directo al campo de batalla.

Comensales de todas las edades y condiciones de vida llegaban a platicar mientras tomaban café, comían ensaladas frescas y sándwiches gourmet. El día de hoy formaban una bulliciosa multitud. «Bueno para el negocio, pero no tanto si las mismas personas ocupan las mesas durante horas sin gastar más dinero», pensó Olga mientras observaba de pie.

Olga estaba en su lugar habitual, de pie contra la pared del del comedor, observando a todos en movimiento como un sargento que supervisa a sus tropas. Ella podía darse cuenta del más mínimo error del personal, podía detectar irregularidades en un segundo y resolver la mayoría de los problemas antes de que se convirtiera en algo más serio.

Olga era de complexión pequeña. Sin embargo, lo que le faltaba en estatura lo compensaba con seriedad. No sonreía mucho y el personal nunca sabía realmente lo que estaba pensando o cuál era su postura respecto a ellos. Eso era justo lo que ella quería. Cuando ella estaba cerca, los miembros del personal estaban un poco más tensos, alerta y eran extra cuidadosos para no cometer ningún error. Nadie quería ser objeto de su ira o de sus críticas.

Olga miró a su celular que estaba vibrando. Cuando miró el nombre en la pantalla respiró profundamente y cerró sus ojos durante unos segundos antes de ir al área trasera del restaurante. Se escondió entre dos refrigeradores grandes en el área de cocina y respondió la llamada.

El tono de voz del doctor era tranquilo, incluso aburrido. «¿Este especialista está intentado distanciarse de mí?», se preguntó Olga. «Eso es lo que les enseñan, empatía sin verse involucrados».

—Sra. Ivanov, tengo los resultaos de su prueba y...

Su voz se desvaneció en el fondo mientras Olga se encogió de hombros al escuchar el fuerte ruido de una olla cayéndose al piso. Acto seguido, los gritos empezaron, como era de esperarse. Olga se asomó de entre los refrigeradores hacia la cocina, donde reinaba un bullicio de ruido, vapor y cuerpos moviéndose rápidamente.

—Tienes que aprender, Julio, hay una manera de hacer las cosas aquí, ¡y es a mi manera! Sé muy bien lo que hago por este lugar —Darius, con su metro noventa y cinco de altura apuntó con un dedo a Julio como un villano en escena.

Darius era más alto que la mayoría de las personas y tenía la postura firme e intimidante de un exsoldado. A pesar de contar con tan solo veintitantos años, las arrugas de su frente y las patas de gallo alrededor de sus ojos daban la impresión de ser por lo menos una década mayor.

—No eres un líder si nadie te sigue —le respondió Julio con brusquedad antes de quitarse el delantal y arrojarlo a los pies de Darius. Su acento se hacía más pronunciado y subía de tono conforme aumentaba su ira. A pesar de ser treinta centímetros más bajo que Darius, Julio no era el tipo de persona que se retractaba y tampoco era el primer colega que Darius había reprendido.

Julio pasó furioso justo al lado de Olga, y salió por la parte de atrás. El fuerte golpe de la puerta de metal resonó en la gran cocina.

Olga se volvió a esconder entre el zumbido de los refrigeradores, y se obligó a concentrarse en la llamada telefónica.

—¿Sra. Ivanov? ¿Puede escucharme? —preguntó el doctor—. Debo decirle que su presión arterial es alarmantemente alta.

«No me digas», pensó Olga. *«Pasa unos días aquí y mira lo que le hace a tu presión arterial»*.

—Está yendo por un camino peligroso, Sra. Ivanov. Debe hacer algo respecto a su estrés.

«Gracias por el consejo, Doc., lo añadiré a mi lista de pendientes».

—Claro, ajá. —contestó Olga entre dientes. —Entiendo lo de la presión alta. *«Por Dios, no Julio también»*, pensó. *«Es la tercera persona en renunciar esta semana»*. Más trabajo para ella, tenía que preparar otro nuevo anuncio de trabajo y repetir todo el largo proceso de contratación.

Sin embargo, solo iba a ser una solución temporal antes de que ocurriera de nuevo. Olga sabía que Darius era una persona con la que era difícil de trabajar, pero ¿qué podía hacer? Si ya era bastante difícil encontrar mozos, mucho más difícil era encontrar a alguien que los dirigiera.

Tiffany Wilson, la nueva gerente de cocina, había visto la escena completa detrás de la mesa de preparación. Había muy pocas cosas que Tiffany no veía ya que trabajaba en la parte trasera del restaurante. Era su tercer mes en el trabajo y no había habido ni un momento tranquilo desde entonces. De hecho, pensaba que era como uno de esos locos *reality shows* culinarios de la televisión, llenos de drama día tras día.

La complexión atlética de Tiffany y sus reflejos rápidos demostraban evidentemente su pasado como nadadora estrella en la preparatoria, el cual le había enseñado una que otra cosa sobre mantener su compostura y trabajar duro. El Sr. Edward, el propietario, la había contratado unos cuantos meses atrás. Edward había sido omnipresente cuando Tiffany inició, pero ya habían pasado semanas desde la última vez que lo había visto. Todos los días se colocaba en su mesa y preparaba comida para ese día. Desde hojas de col rizada hasta el carnoso portobello y palitos crujientes de zanahoria. Ella los picaba metódicamente, observando y escuchando cómo a su alrededor los miembros de su equipo rumoreaban, peleaban y, en algunas ocasiones, salían fúricos. En medio de todo, Tiffany solo mantenía la cabeza baja e intentaba en vano ignorar todo lo que pasaba a su alrededor.

El caos la hacía pensar en un enjambre de abejas molestas zumbando alrededor del panal cuando aparecía una amenaza y justo ahora estaban más enojadas que nunca. Seguido sentía su pulso acelerarse dentro de sus venas y se preguntaba si eso le provocaría un infarto. «Me pregunto cuánto tiempo voy a durar» pensó mientras su cuchillo se movía de arriba abajo, arriba abajo.

*

Todavía enfurecido, Julio se metió a su auto y cerró la puerta de golpe. Encendió el motor y salió en reversa con furia en su viejo Honda Civic rojo. Dio vuelta en la esquina tan rápido que casi atropella a John.

John era ágil a pesar de ser un hombre fornido. Su rostro aceitunado se mostró conmocionado mientras saltaba hacia atrás con las manos en alto.

—¡Ay! ¿Estás tratando de matarme, o qué? —Julio frenó y maldijo en voz baja.

John miró a través de la ventana y miró la cara roja de su sobrino.

—Uf, ¿quién te hizo enojar?

Julio bajó la ventana.

—Perdón, tío. No quería, ya sabes...

—Pensé que alguien quería matarme —John dijo riéndose, luego su expresión cambió de repente—. ¿Por qué te estás yendo? Es la mitad de tu turno.

Julio apagó el motor.

—Perdón, tío. Hice lo mejor que pude, pero es suficiente —gruñó Julio—, no puedo trabajar en un lugar donde no me respetan, de ninguna manera —golpeó con el puño el volante, haciendo sonar el claxon—. Ni por todo el dinero del mundo. Aprecio que me hayas ayudado con este trabajo, siendo familia y todo, pero no, no puedo soportarlo más.

John suspiró.

—Ah, rayos, Julio. Es una verdadera pena, eras bueno. Hasta Olga estaba complicada. ¿Qué pasó? —John se recargó en el techo del auto y miró a su sobrino. Era impulsivo pero un buen trabajador.

—El maldito de Darius es lo que pasó. Ese tipo mira demasiado a Gordon Ramsey —declaró Julio recargando la cabeza sobre el respaldo y suspiró fuertemente.

—Ah, otra vez Darius. Debí suponerlo. ¿Hay algo que pueda hacer?

Julio lo interrumpió sacudiendo la cabeza con fuerza.

—Sí, claro. Qué tal hacerlo tratar bien a las personas, ¿crees que puedas hacerlo? —respondió Julio. Su cara estaba roja de furia. Su sangre corría por sus venas.

—Soy panadero, no mago —dijo John. Podía ver que Julio ya había tomado su decisión—. Odio ver que te vayas —suspiró—. Has sido bueno para el lugar. Quizás hasta bueno para mí, pero lo entiendo. Tampoco sería capaz de reportarlo si fuera yo. No te culpo. Solo lo siento —hizo una pausa y sonrió—. ¿Te veré a ti y a tu familia el domingo en la noche, verdad? ¿Arroz con pollo?

—Oh... sí. Sí, claro... —la respiración de Julio estaba más calmada, ya no estaba tan agitado como antes. Ladeó su cabeza y miró a John—. ¿Estás bien, tío? Te ves fatal.

—¡Ja! Dime lo que realmente piensas. Sí, estoy bien. Excelente.

—Dormiste otra vez en el sillón, ¿eh?

John asintió.

—Sí, pero todo está bien. Me mantiene a una buena distancia de la cocina —forzó una sonrisa y alzó los pulgares.

—Claro, tío. Como digas —Julio infló sus mejillas y agarró el volante con fuerza—. Me voy de aquí —le avisó a su tío—. Es hora de que busque otro trabajo. Te veo el domingo... Y suerte con todo en casa.

John miró cómo se alejaba el auto de Julio, la descolorida pintura roja brillando con el sol y el tubo de escape resoplando y farfullando.

—Otro que se va —murmuró sacudiendo la cabeza y exhalando. Se torció la espalda, haciendo sonar un coro de chasquidos y se frotó la parte trasera de su cuello. «Hora de trabajar. De un campo de batalla a otro», pensó.

*

Eddie miró los alrededores de la sala de juntas. Aquí era donde empezaban las cosas, donde sus pulidas habilidades de liderazgo enfrentarían la realidad del restaurante. ¿Funcionarían sus técnicas e ideas aquí, tal como lo habían hecho en los demás ambientes en donde los había aplicado? ¿O el lugar de su padre probaría ser reluctante a las buenas prácticas?

«¿Cuántas reuniones se habían llevado a cabo en esta simple habitación?», pensó Eddie mientras jalaba una silla con su tela azul rota y manchada, y se sentó en ella. El microondas tenía por lo menos cerca de una década y las fotos en la pared habían estado ahí desde que Eddie era un niño. Había una mesa con ocho sillas que no combinaban entre sí. Verlo todo le recordó cuando se sentaba en las reuniones de su padre, apenas alcanzando la altura de la mesa- Su cuerpo se tensó al recordar la intensidad de aquellas reuniones, los gritos y las discusiones que sucedían mientras él se sentaba en silencio e intentaba hacer su tarea.

Y ahora estaba de vuelta en esa misma mesa como un hombre adulto, pero aun sintiéndose como un niño. Eddie miró en silencio cómo el equipo de gerencia entraba uno por uno. La primera en llegar fue Olga, por supuesto, siempre tan puntual y la personificación de la eficiencia. «Aquí viene el pilar de la operación», pensó. Eddie había visto esa eficiencia en ella desde que él era un niño pasando el tiempo en el restaurante de su papá y siempre lo había impresionado un poco.

John fue el siguiente en entrar. También era uno de los del equipo original. Era el jefe de panadería y tenía el temperamento de un artista con pasión por su masa. Podías apreciar por cómo la manejaba, moldeaba, acariciaba, que se enorgullecía de su trabajo y que le importaba bastante. Las personas juraban que su manera de trabajar con la masa, llena de amor (la alegría, la energía) constituía una gran parte de lo que hacía tan deliciosos los panes del restaurante. Su departamento era un ambiente con mucho calor. Los panaderos eran un equipo de seis hombres confinados en un espacio de trabajo pequeño que empezaban a trabajar todas las mañanas alrededor de las cuatro. Los cálidos temperamentos y turnos que empezaban antes de que saliera el sol daban lugar a un grupo malhumorado que no reaccionaban bien a la crítica.

—¡Guau, pequeño Eddie Junior! ¡cuánto has crecido! —exclamó John riéndose y le estrechó la mano.

—Ha pasado tiempo, ¿no es así? —respondió Eddie—. Es bueno regresar y ver caras familiares, y algunas nuevas. Bienvenidos —dijo Eddie mirando a Tiffany y Darius con una sonrisa—. Bien. Todos. Sé que han pasado muchas cosas desde que mi papá no está...

—Oye, ¿se encuentra bien? —preguntó John—. No recuerdo la última vez que se fue por tanto tiempo.

—Como saben, tuvo un accidente de auto y, bueno, está muy lastimado... —Eddie miró un momento al suelo.

Se escuchó un murmullo alrededor de la mesa.

—Bueno, no te tienes que preocupar por nada. Tenemos todo cubierto —dijo Darius.

Eddie miró al gerente y asintió.

—Gracias.

John se aclaró la garganta, alzó una ceja e hizo contacto visual con Olga desde el otro lado de la mesa. Darius notó la expresión rápidamente.

—¿Tienes algo que decir, John? —preguntó en un tono que parecía más un gruñido. La mirada de John se encontró con la mirada feroz de Darius.

—Pues, no sé si *tenemos* todo cubierto. Como Julio se fue, tengo que darte uno de mis panaderos para que trabaje en tu departamento. Eso va a hacer que nos falten más trabajadores, y mis muchachos van a tener que trabajar horas extras, lo que significará que *mis* costos de mano de obra están fuera de control. ¿Sabes cuánto toma hacer algunas de estas cosas?

—No es mi culpa. —Darius dijo encogiendose de hombros. —El muchacho era flojo y no seguía instrucciones.

John se puso de pie. Su cara estaba roja.

—Eso fue lo que dijiste de los otros tres muchachos. ¿Cómo es que todos fueron malos? Conozco a Julio desde siempre y es una de las personas más trabajadoras y leales.

—¿De verdad? Que mal que no lo vi. Solo desperdiciaba mi tiempo. —se sacudió la manga Darius.

John se empezó a poner de pie nuevamente, pero Olga habló con fuerza antes de que pudiera hacerlo.

—Estoy de acuerdo con John en que no todo está bajo control. Tuvimos otra queja. Alguien encontró un pedazo de plástico en su pan y nos informaron que los inspectores de salud pueden venir en cualquier momento para una visita sorpresa. Ya estamos en la cuerda floja por al último incidente, una falta más y nos pueden clausurar. —Olga hizo una ligera mueca. Levantó una de sus manos para cubrir su pecho, pero la bajó rápidamente.

John se sentó derecho y frunció el ceño.

—Espera, ¿qué? ¿quién se quejó? Esto es imposible ¿por qué no había escucho sobre esto, Olga? —golpeó la mesa con sus puños.

Eddie se inclinó hacia enfrente.

—Muy bien, John, tranquilízate —miró alrededor de la mesa para asegurarse que todos le prestaban atención—. Lo único que importa ahora es organizarnos y pasar la inspección, ¿de acuerdo? —Podía ver la desconfianza en sus miradas, pero empezaron a asentir uno por uno.

—Bien. Siguiente pregunta, ¿por qué estamos perdiendo a tantas personas? ¿De cuánto es nuestro porcentaje de reemplazo de personal? —preguntó Eddie a Olga.

—Estamos cerca del noventa por ciento anual —respondió Olga.

Eddie no pudo ocultar su sorpresa.

—Guau, ¿noventa por ciento? ¿estás segura?

Olga asintió.

—Parece que es el mismo desde que empecé a trabajar aquí —dijo John—. ¿No es ese el promedio en la industria?

Eddie miró alrededor de la habitación.

—¿Realmente estamos aspirando a ser parte del promedio de la industria? ¿En serio?

Silencio.

—Bien, ¿sabemos por qué estamos perdiendo a tanta gente?

Tiffany se inclinó sobre su asiento, su tono de voz era bajo y sus palabras salían como si temiera que le fueran a gritar si no se apresuraba a decirlas.

—Siempre he escuchado que las personas dejan gerentes, no empresas —la habitación se mantuvo en silencio y ella se encogió de vuelta en su asiento—. Es sólo lo que he escuchado —dijo arrepentida, sintiendo los ojos de Darius sobre ella.

—Nosotros estamos aquí todos los días —dijo John—. Trabajamos duro.

—Ha funcionado hasta ahora, Eddie. —dijo cuidadosamente Olga.

Eddie respiró profundo, sabiendo que debía avanzar con precaución.

—Lo sé —dijo—, y en nombre de mi familia les agradezco por todo, pero quiero que recuerden cuánto dio mi padre de sí mismo a este negocio durante todos estos años. Él siempre estaba aquí, todo el día y toda la noche. Él trabajaba incluso cuando no estaba presente. Siempre lo tuvo en su sangre. Su padre tenía un restaurante en donde vivía, mi padre fue criado en el negocio. Sus esfuerzos eran el equivalente al de cuatro gerentes. Créanme, lo observé mientras crecía. Pero no sé cuándo regresará, o si lo hará. Con él fuera, existe una brecha que necesitamos cerrar, y nosotros cinco necesitamos saber cómo hacerlo.

—Eddie podía notar que todos le estaban prestando atención—. Yo sé lo difícil que es su trabajo, y todo lo que hacen —les dijo—. Créanme, no estoy insinuando que deban trabajar más duro de lo que ya lo hacen.

—Entonces, ¿qué es lo que sugieres, jefe? —preguntó John.

—Miren, acabo de llegar y me estoy poniendo al tanto. Hasta ahora, al mirar estos números, puedo observar que estamos reemplazando a la mayoría del personal cada año, perdimos a un gerente clave, nuestras ventas bajaron y estamos recibiendo serias quejas que amenazan a nuestro futuro. ¿Está claro el panorama?

Eddie miró a todos asentir.

—Todo esto son síntomas de problemas mayores —continuó Eddie—, y necesitamos llegar a la raíz de ellos.

Eddie podía sentir la adrenalina corriendo por sus venas. Eso era lo que hacía, en eso era bueno.

—¿Cuánto tiempo y recursos se invierten para reclutar a nuevas personas? —les preguntó—. Es un gran gasto. Desde los anuncios que se publican, hasta revisar los cientos de currículums que llegan, incluyendo todo el tiempo que gerencia le invierte a las entrevistas, verificaciones de referencias y antecedentes, y a la inversión en capacitaciones. Piensen por cuántos nuevos empleados tenemos que pasar para encontrar al adecuado. ¿Qué hay de todos los errores que cometen los empleados nuevos antes de que se familiaricen con el trabajo? Como bien saben, todo lo que se necesita es una mala experiencia para que un cliente se vaya y un cliente enojado por lo general le comparte su experiencia en promedio a 12 personas. Piensen en cómo esto afecta nuestras ventas. Piensen en el costo, sin mencionar la energía, que se invierte en todo eso.

—Es verdad —dijo Olga con un suspiro—, es la historia de nunca acabar.

—Considerando todo eso, el costo de reemplazo es de un aproximado de USD 3,000 por empleado y eso es siendo optimistas. Tenemos ¿a cuántos? ¿cerca de ochenta empleados trabajando aquí? Multipliquen ese gasto por casi la totalidad de la mano de obra que se reemplaza en un año y luego calculen cuántos panes tenemos que vender para compensar ese gasto. En las empresas que he dirigido mi meta siempre ha sido darles un hogar a las personas y —continuó Eddie—, crear una cultura que haga que las personas quieran quedarse, quieran trabajar de corazón y adueñarse de sus trabajos.

John frunció el ceño.

—¡Qué va! Estas personas son diferentes, no les importa. Están aquí para recoger su cheque. Es solo un trabajo de entrada por salida. No les pagamos lo suficiente como para que les importe. Y con todo el debido respeto, he estado aquí por muchos años. No estoy seguro de que sepas la realidad actual de este negocio ni el tipo de personas que trabajan aquí. Los tiempos han cambiado y la lealtad está muerta.

Darius asintió a todo lo que John dijo.

—Mis muchachos lavan platos, limpian mesas y lavan baños todo el día. ¿Quieres que les importe eso? —preguntó.

—Sé lo que es trabajar con personal difícil —dijo Eddie—. El último negocio que dirigí fue una empresa de producción de fibra de vidrio en la que más del sesenta por ciento de nuestro personal eran exconvictos. Sus condiciones de trabajo eran terribles, pero incluso en esa fábrica les dimos un motivo para que les importara el trabajo que hacían todos los días. Ellos fueron parte de un cambio exitoso de ese negocio.

Eddie tenía su atención. En ese momento estaban listos para escucharlo, pero ¿por cuánto tiempo?

—Sé lo que pueden estar pensando, el hijo del dueño regresa después de pasar años lejos y ahora nos quiere decir cómo hacer nuestro trabajo —les reafirmó Eddie.

—Ustedes ya saben cómo hacer eso, mucho mejor de lo que yo jamás lo haría. Pero, puedo ayudarlos con su estilo de liderazgo y enseñarles cómo crear un lugar de trabajo que inspire y llene de energía a su gente —se inclinó sobre su asiento, el entusiasmo emanaba de cada poro de su piel.

Se inclinó sobre su asiento, el entusiasmo emanaba de cada poro de su piel.

—Además, ¿han considerado qué tan importantes son sus papeles? Para muchas personas este es su primer trabajo. Lo que ellos aprendan de ustedes, de cómo los lideren, afectará sus vidas profesionales para siempre. También, la experiencia en el trabajo tiene un gran impacto en la vida de las personas. El ambiente que crean todos los días aquí se siente aun cuando regresan a su casa por las noches y se sientan a cenar. Incluso afecta a sus hijos —pausó Eddie y miró al suelo—. Créanme, lo sé mejor que nadie.

«*¿Estilo de liderazgo?*», pensó Olga. «*Pero, ¿qué está diciendo este niño?*», Olga tuvo que morderse la lengua para evitar soltarse a carcajadas. «*Claro, Junior. Esto es lo que pasa cuando tienes una maestría en administración de empresas y llegas con un montón de ideas geniales sobre cómo dirigir el negocio familiar. Sólo le voy a seguir la corriente.*», se dijo a sí misma. «Le daré un par de semanas. Se aburrirá o frustrará cuando se dé cuenta de lo difícil que es realmente. Dos, *tres semanas máximo.*».

Olga forzó una sonrisa en su rostro.

—Claro, Eddie —dijo—. Hay que intentarlo, ¿por dónde empezamos?

—Empezamos con este equipo. Hay que reunirnos otra vez aquí mañana temprano antes de abrir, ¿a las siete está bien? —se levantó y jaló rápidamente las mangas de su saco mientras miraba alrededor de la habitación—. ¿A todos les parece bien?

Uno a uno encogió sus hombros y asintieron antes de salir de la habitación. Eddie podía escuchar como mascullaban y murmuraban mientras salían.

Una vez que todos se fueron, Eddie se sentó y se desplomó sobre la mesa. Miró a sus alrededores y suspiró.

«*¿Qué estoy haciendo aquí?*», pensó, «*Aquí estoy, de vuelta en el mismo lugar al que juré jamás regresar. Quizás Olga tenga razón, el negocio había funcionado durante todo este tiempo tal y como estaba, así que ¿para qué cambiarlo ahora?*

¿Por qué debería quedarme y luchar una batalla cada vez más difícil que a nadie parece importarle? ¿Para qué esforzarse en crear un ambiente que nadie quiere?

¿Qué pasará cuando le cuenten a su papá sobre la reunión que acababan de tener?

¿Qué dirá sobre lo que les estoy diciendo a su equipo de gerencia?».

El simple pensamiento lo hizo estremecerse. Aún le faltaba ver a su padre. Eddie había estado posponiéndolo, pero tenía que ver al hombre tarde o temprano. ¿Qué le iba a decir?

Capítulo 2: ¿Qué sigue?

Nuestras relaciones en el trabajo importan. De acuerdo con un análisis realizado por McKinsey, las "relaciones con los directivos" son el principal factor de satisfacción laboral de los empleados[1]. Desafortunadamente, la mayoría de las organizaciones fracasan rotundamente al crear relaciones positivas con los directivos. Un estudio de la Asociación Americana de Psicología descubrió que el 75% de los estadounidenses afirmaban que la parte más estresante de su trabajo era el trato con su jefe inmediato[2]. Peor aún, un estudio reciente de Gallup descubrió que 1 de cada 2 empleados deja su trabajo para "alejarse de su jefe[3]".

¿Qué puedes hacer para mejorar esto en tu organización? No nacemos siendo malos o buenos jefes. Sin capacitación para desarrollar las habilidades de liderazgo críticas o una cultura organizacional que fomente la alta calidad de los líderes, los miembros del equipo en puestos de gerencia se ven obligados a descubrir por sí mismos qué es lo que funciona, muchas veces a costa de su equipo y de la empresa.

Todos pueden recordar a un líder o jefe que cambió su perspectiva o incluso su vida. Imagina el potencial de tu empresa si cada líder tuviera ese impacto en sus empleados.

El programa de Artistas del Cambio es una manera accesible e impactante de desarrollar habilidades críticas de di-

---

1 https://www.mckinsey.com/capabilities/people-and-organizational-performance/our-insights/the-boss-factor-making-the-world-a-better-place-through-workplace-relationships
2 https://hbr.org/2018/09/what-to-do-when-you-have-a-bad-boss
3 https://www.gallup.com/services/182216/state-american-manager-report.aspx

rección y liderazgo en todos los miembros del equipo y mejorar las relaciones que impulsan la satisfacción del empleado. Nuestro enfoque desarrolla conexiones y entendimiento entre los miembros del mismo Foro, al mismo tiempo que desarrolla su kit de herramientas de liderazgo para empezar a crear relaciones laborales más sólidas con aquellos que no están en el Foro.

Compruébalo tú mismo. Al final de cada capítulo, incluimos opiniones de nuestros participantes de forums@work acerca de lo que han aprendido después de completar el módulo en línea y la reunión del Foro cada semana. Ésta es tan solo una pequeña muestra de los resultados de transformación que obtienen nuestros participantes.

¿Quieres saber más? Llena nuestro formulario de solicitud de información en forumsatwork.com y un miembro de nuestro equipo compartirá los estudios de casos de clientes que muestran cómo transformado la cultura de su empresa, inspiraron a los equipos de trabajo remotos e incrementaron su productividad después de completar nuestro programa de Artistas del Cambio.

> *Disfruta de las pequeñas cosas porque tal vez un día te des cuenta de que eran cosas grandes.*
>
> ROBERT BRAULT

CAPÍTULO 3

Semana de gratitud

El primer día en el restaurante fue agotador. Eddie pasó bastante tiempo solo estando ahí y hablando con varios miembros del personal. Había mucho que podía aprender de esas conversaciones casuales, o como lo llamaban en la escuela de negocios: Gestión itinerante. Era una palabra elegante que estaba de moda para algo tan sencillo que era conectar con los miembros del equipo de forma sincera y con genuino interés.

Los trabajadores que forman parte de la primera línea son los que están más en contacto con los clientes y están llenos de "información" invaluable procedente de sus interacciones. A pesar de que los miembros del equipo no siempre se den cuenta, hacer las preguntas correctas da lugar a una infinidad de valioso conocimiento que no sabían que poseían. La cabeza de Eddie Jr. estaba llena de preguntas. ¿Cómo se sentían las personas en sus puestos? ¿Qué estaba funcionando y qué no? Había tanto por saber y aprender y tan poco tiempo. Eddie se quedó en el restaurante hasta las últimas horas de la tarde.

Sin embargo, ese no era el único motivo por el que estaba todavía ahí a esas horas. Muy en el fondo estaba evitando visitar a su padre. Eddie lo amaba y ambos eran similares en tantas maneras, a excepción de su postura sobre los negocios. Las cosas se volvían muy tensas una vez que la conversación trataba sobre el trabajo. No obstante, supo que no podía posponerlo más cuando los clientes comenzaron a irse y los mozos cerraron la puerta con llave para después colocar las sillas sobre las mesas. Era tiempo de irse. Eddie llamó a un Uber sintiendo un nudo de incertidumbre crecer en su garganta. Mientras miraba ansiosamente cómo el ícono del auto se acercaba, los minutos pasaban muy deprisa para la primera reunión con su padre…

Estaba anocheciendo cuando llegó al viejo vecindario. Su Uber llegó a la pequeña calle curva, rodeó a un grupo de niños jugando hockey sobre la calle y se estacionó en la entrada. El patio frontal tenía el césped cortado inmaculadamente y estaba alumbrado por las luces del jardín; la camioneta de su madre estaba estacionada en su lugar. Eddie se quedó sentado por un momento, perdido en sus pensamientos y volvió en sí cuando el conductor lo miró por el retrovisor y le preguntó—: Aquí es, ¿no?

—Sí, gracias.

Eddie descendió del vehículo y respiró al aire fresco de la tarde, muy necesario después de un largo día en el restaurante.

Eddie estaba llevando su equipaje de mano hacia la puerta cuando ésta se abrió y apareció su madre, quien le sonreía como solo una madre puede hacerlo.

Lo abrazó fuertemente antes de que Eddie pudiera poner un pie adentro. El reconfortante aroma de comida casera y agua de rosas lo envolvió, recordándole su infancia.

Comenzó a hacerle un mar de preguntas mientras lo hacía entrar.

¿Perdiste peso?
¿Te sientes mal?
¿Está todo bien en Colorado?
¿Te sientes solo ahí?
¿No crees que es tiempo de que regreses a casa?

Eddie le aseguró que le estaba yendo bien, que últimamente había estado haciendo ejercicio y que era feliz. Su madre lo miró nuevamente con detenimiento, claramente no estaba convencida del todo. Después lo llevó a la sala en donde su padre estaba recostado sobre el sillón.

La casa de su familia era un claro reflejo de la personalidad de su madre. La combinación de los tonos marrones cálidos, los suaves sillones de cuero y las grandes y esponjosas mantas le daban a la habitación una apariencia de casa de campo que una de ciudad. La ubicación precisa de cada retrato familiar, de cada planta, de cada pieza decorativa indicaba un nivel de organización que no dejaba nada a la suerte.

Eddie miró a su padre cuando entró a la habitación. Si los veías el uno al lado del otro era imposible no notar su parecido. Eddie abrazó brevemente a su padre y sintió su familiar bigote raspar contra su mejilla ligeramente; un repentino y mordaz recordatorio de los saludos bruscos que experimentó de niño. Ese familiar y cosquilleante sentimiento que significaba que su padre lo amaba.

—Dime todo —exigió su padre—. ¿Cómo está mi bebé? ¿Ya lo llevaron a la ruina? Eddie se sentó frente a él.

—Antes de hablar de eso, ¿cómo estás?

Su padre estaba tumbado sobre el sillón con la pierna enyesada desde la cadera hasta los dedos del pie.

—No es nada. En unas cuantas semanas más estaré de pie y corriendo igual que antes.

—Papá, estamos hablando de una fractura de fémur. No es algo que simplemente puedas restarle importancia...

—¡Suficiente! —lo interrumpió el señor—. Pasaste todo el día en el restaurante, ¿qué está sucediendo? —continuó sin darle tiempo a Eddie de responder—. Escuché que ya tienen una queja. Increíble. No los puedo dejar solos ni un minuto, alguien siempre tiene que estar ahí o todo se va al diablo. Siempre están buscando como hacer las cosas más rápido, más fácil. ¿Sabes las horas que invertí en ese lugar? Bueno, mantenlos bajo control y muéstrales cómo se hace, hijo. Sé que lo harás.

El Sr. Edward finalmente pausó para recuperar el aliento y le permitió a Eddie responder.

—Yo creo que tienen mucho potencial, papá. Con algo de empoderamiento y una buena capacitación, yo creo que ellos realmente...

—¿Empoderamiento? —su padre pronunció la palabra como un insulto—. Hijo, no desperdicies tu tiempo. Conozco a estas personas desde hace mucho y los amo como si fueran familia, pero no hay mucho que puedan hacer. Ellos no son como las personas del tipo empresarial al que estás acostumbrado. Son como niños, tienes que supervisarlos, hacerles saber quién es el jefe y todo estará bien.

Eddie se mordió la lengua. En el fondo no podía estar menos de acuerdo, pero este no era el momento para tener esa discusión. Su padre pareció no darse cuenta y continuó hablando.

—Creo que puedes hacer grandes cosas aquí, hijo. Realmente creo que puedes sacar el negocio adelante, y ayudarnos con las ventas y la mercadotecnia; especialmente con toda la experiencia que has tenido allá afuera. Es bueno tenerte de vuelta en casa.

Eddie sintió como un nudo se formaba dentro su garganta. No tenía el corazón de decirle a su padre que no estaba ahí para quedarse. Estaba de vuelta por una emergencia familiar, un negocio en problemas, una madre en pánico. Eddie se iría tan pronto pudiera estabilizar un poco el lugar. Eddie deseó poder conectar más con su papá, pero cada vez que lo intentaba se levantaba un muro entre ellos. Todo lo que quería hacer era irse de ahí tan rápido como fuera posible.

—Es bueno estar de vuelta en casa, papá —mintió—. Estoy exhausto después del largo día. Será mejor que me retire y te deje descansar.

Su padre intentó levantarse del sillón para despedirse de él, pero Eddie podía ver que se le dificultaba y que sus movimientos eran más lentos. No tenía la misma energía. ¿Se debía a sus lesiones o era la edad lo que lo hacía más lento?

—No te levantes —dijo rápidamente Eddie—. Puedo salir solo.

Su padre se sentó nuevamente en el sillón y suspiro fuertemente.

—Nos vemos mañana, hijo. Y no olvides lo que te dije, son como niños, tienes que estar detrás de ellos.

Mientras el conductor del Uber atravesaba el vecindario, Eddie sintió una pesadez en el estómago al mirar por la ventana las calles en las que había crecido. Estaba repitiendo la conversación en su mente, y pensaba sobre todas las cosas que le quería decir a su padre, todas las cosas que creyó que debía haberle dicho. Aun así, muy en el fondo sabía que diría exactamente lo mismo si tuviera que vivir todo nuevamente. Si iba a hacer que el restaurante funcionara, iba a tener que hacerlo a su manera, y lo último que pretendía hacer era avisarle a su padre sobre esto. *«Es mejor pedir perdón que pedir permiso», pensó «especialmente si sabes que jamás recibirás dicho permiso…»*

*

A la mañana siguiente, el equipo comenzó a llegar a la sala de descanso a las 6:58. Se podía sentir una ligera tensión mientras todos tomaban sus asientos, se escuchaban algunos murmullos y susurros, pero el equipo estaba evidentemente apagado, no estaban seguros de qué esperar.

Eddie se sentó en la maltrecha silla azul a la cabeza de la mesa que parecía haber pasado a ser "suya". Tenía una taza de café frente a él; tomó un sorbo y miró a su alrededor. *«Aquí voy.»*, pensó al ver que unos ojos llenos de sospecha le devolvían la mirada. *«Has hecho esto antes, cientos de veces.»*, se dijo a sí mismo. *«Tú puedes»*.

—¿Cuánto tiempo va a tomar esto? —exigió Darius antes de que Eddie pudiera hablar—. Porque todos, ya sabes, tenemos mucho trabajo que hacer.

Eddie se tomó un momento para beber su café y ordenar sus pensamientos.

—Buena pregunta, Darius. Sé que algunos de ustedes vinieron antes de su turno para unirse a la reunión, y se los agradezco mucho. También sé que esto podría parecer algo "inusual" para muchos de ustedes y les agradezco que estén dispuestos a darle una oportunidad.

—No respondiste mi pregunta —balbuceó Darius.

Eddie lo ignoró de momento.

—Mi visión para este restaurante es crear un lugar de trabajo en el que todos amemos venir todos los días. En las empresas que he dirigido, mi objetivo siempre ha sido crear una experiencia de trabajo que deje a todos sintiéndose con más energía *después de su jornada* que cuando iniciaron su día —hizo contacto visual con Darius—. Y lo único que se necesita son unos pocos minutos cada mañana que se verán recompensados diez veces más conforme empecemos a entender cuál es la mejor manera de trabajar juntos —miró a su alrededor Eddie. Era hora de comenzar.

—¿Alguno de ustedes ha sido parte de un equipo que les haya brindado una gran sensación de conexión? —inició.

Tras un instante de intercambio de miradas, John habló.

—Mi equipo de fútbol de la preparatoria en mi último año se sintió más o menos así. Éramos un equipo muy unido, hacíamos todo juntos, tanto dentro como fuera del campo. De hecho, teníamos el mejor récord en la historia de la escuela.

Darius exhaló profundamente sobre su taza, tanto que el café salpicó.

—Eso es lo que más extraño sobre el ejército, la hermandad, la conexión y compañerismo con mis colegas soldados. No puedo decir que siempre sienta eso aquí.

—Quizás si... —comenzó a hablar John. Eddie lo detuvo rápidamente.

—Gracias, John. Después tendremos tiempo para aportaciones —se inclinó hacia delante—. Entiendo —les dijo—. También he estado ahí, experimenté esa sensación. Y eso es lo que vamos a crear aquí en el restaurante. Pero primero necesitamos empezar por crearlo entre nosotros como equipo y lo vamos a lograr al tomarnos el tiempo para reunirnos en este lugar y tener conversaciones juntos de manera regular. Este será nuestro Foro y existen algunas reglas sencillas que quiero que respeten.

Eddie podía ver que tenía su atención. Puede que aún no creyeran en ello, pero por lo menos lo estaban escuchando.

—Primero vamos a establecer algo que se conoce como bóveda de confidencialidad. Todo lo que hablemos *en el Foro será confidencial*. Eso significa que nada de lo que se comparta aquí, se le podrá contar a un tercero. Nada, nunca, nadie. ¿Entendido?

—¿Estamos muertos si hablamos? —dijo John con una sonrisa.

—Exacto —continuó Eddie—. También vamos a establecer una cultura de conversaciones honestas. Eso significa que vamos a compartir lo que realmente nos está pasando a nosotros y al negocio.

Olga frunció el ceño.

Tiffany se retorció en su asiento.

«Estas personas están muy lejos de su zona de confort», pensó Eddie. *«Bien»*.

—Una manera de ver esto es pensar en compartir el cinco por ciento de lo mejor y el cinco por ciento de lo peor —les explicó—. Esto quiere decir que compartiremos la parte de nuestra experiencia sobre las que estamos más orgullosos y emocionados, el cinco por ciento de lo mejor; y las cosas que más nos desafiaron, o el cinco por ciento de lo peor. La idea es que queremos hablar sobre las partes de nuestras experiencias que más nos impactan, ya sea lo bueno, lo malo o lo feo.

—¿El cinco de lo mejor y lo peor con los colegas? —dijo Olga—. Parece algo incómodo, compartir algo como eso…

Eddie asintió.

—Claro, pero dirigir un negocio es difícil y no siempre es lindo. Es algo así como una guerra. Para que tengamos alguna esperanza de triunfar, tendremos que hacerlo como equipo en el que haya confianza. Necesitamos aprender cómo crear un ambiente en el que confiemos entre nosotros lo suficiente como para hablar y decir lo que realmente está pasando, y después trabajar con eso. Si no, nunca llegaremos a la raíz de los problemas. Este es un proceso y nos tenemos que comprometer con él para que funcione. Con cada reunión que tengamos será cada vez más fácil y se sentirá un poco más natural. Asumiendo que todos cumplamos con nuestra parte para crear un ambiente libre de críticas y respetar siempre la confidencialidad de lo que se dice en esta habitación.

—¿Has hecho esto con otras empresas? —preguntó en voz alta Darius.

Eddie asintió.

—Y funciona.

Sin embargo, Darius no lo iba a soltar.

—¿Y un restaurante? ¿Alguna vez lo has hecho con un restaurante?

—Aún no —dijo Eddie—. Pero aplican los mismos principios.

Darius se relajó en su asiento.

—Ya veremos.

Eddie podía sentir la mirada de Tiffany sobre él.

—Además —dijo Eddie—, a nivel personal, ¿se han dado cuenta de la cantidad de tiempo que pasamos en nuestra vida cotidiana quedándonos en la *superficie* de las cosas? —sonrió—. Cuando las personas se preguntan entre sí cómo están, ¿cuál es la respuesta típica?

—Estoy bien, estoy genial, ¡todo va bien! —contestó Tiffany con tono burlón—. Pero es mentira, ¿no? Realmente no significa nada —hizo una pausa—, supongo que también lo he hecho, pero ¿quién quiere realmente escuchar la verdad? Los problemas del trabajo, las dificultades familiares, los asuntos personales…

—Tienes razón, Tiffany. Esto se he convertido en la manera predeterminada en la que interactuamos con los demás.

Tampoco queremos contarle la historia real a nadie, ¿o sí? Existe un lugar y momento para hablar sobre los momentos dramáticos de la vida real. Bien, juntos vamos a crear un espacio seguro en donde podamos permitirnos ser un poco más sinceros, un poco más auténticos.

Darius apartó su silla de la mesa.

—¡Uf! ¿y exactamente sobre qué vamos a hablar? Además, ¿cómo sabemos que los demás realmente van a mantener la boca cerrada?

—Excelente pregunta, Darius. Te respeto por expresar tus preocupaciones, ese es un buen ejemplo de una conversación honesta. Por eso esto es un proceso, un proceso de crear confianza. Semana a semana cada uno de ustedes tendrá que ganarse la confianza de los demás. Es parte de lo que estamos aprendiendo, cómo ser discretos, cómo proteger la confidencialidad y cómo no juzgar. ¿Se comprometen a respetar estas reglas? —Eddie miró a su alrededor, todos empezaron lentamente a asentir con la cabeza, algunos encogiéndose de hombros, otros mirándose las uñas.

—Les quiero compartir esto —continuó Eddie—. La confianza es delicada. Debemos tratar con mucho cuidado lo que las personas compartan en las reuniones. Si alguien rompe ese lazo de confianza y empieza a divulgar lo que se comparte confidencialmente, puede ser algo de lo que jamás se pueda recuperar. Lo he visto pasar, así que sean cuidadosos.

Las caras de todos los que estaban sentados a la mesa se mostraban serias.

—Muy bien, continuemos. En diversos momentos compartiremos nuestras experiencias, desafíos y éxitos con los demás. Se verán tentados a aportar ideas, recomendaciones, o intentar *arreglar* los problemas del otro. No lo hagan, no importa que tan tentador sea. Su trabajo es ofrecer un *intercambio de experiencias*. Esto quiere decir que pueden hablar sobre cómo se identifican con la experiencia del otro basándose en su propia experiencia. Se hará una excepción si alguien solicita específicamente un consejo.

Eddie miró sus rostros inexpresivos, y sonrió una vez más.

—Les voy a hacer preguntas y quiero que observen lo que se les ocurra. Por lo general, mi regla de oro es que tu primer pensamiento es tu mejor pensamiento. Tu cerebro sabe lo que está haciendo cuando se apresura y deja que las palabras salgan de tu boca. Por lo tanto, cuando quieran hablar, compártanlo con el grupo. Algunas veces empezarán a hablar al mismo tiempo y se interrumpirán entre sí, pero está bien. Es algo que va a suceder por lo menos un par de veces en cada reunión. La clave es compartir con valentía y desde lo profundo de su corazón.

—Suena divertido —dijo John de manera sarcástica.

—De verdad, espero con ansias conocer más sobre cada uno de ustedes —Eddie los observó de uno en uno—. Descubrí que la manera más rápida de conocer a alguien es saber qué es lo que valoran más. Así que cuando piensan en sus vidas, ya sea en el trabajo, en su hogar, o en donde sea, ¿de qué están más agradecidos?

Reinó el silencio en la habitación. Tiffany, quien había desarrollado el hábito de escribir todas las mañanas en un diario de gratitud, sabía exactamente de lo que estaba agradecida: su familia, por supuesto. Sin embargo, al abrir la boca para hablar, se congeló. *«¿Y si es demasiado cursi o no es suficiente para estar en el cinco por ciento de lo mejor?»*.

El silencio continuó hasta que finalmente habló John.

—Para mí, es fácil. Estoy agradecido por mi familia. Tengo mucha suerte de tener una esposa increíble y los mejores hijos del mundo.

—¡Hermoso! —dijo Eddie—. ¿Sobre qué estás más agradecido cuando se trata de tu familia?

John pensó sobre eso durante unos momentos.

—Definitivamente su salud. Cuando estaba chico, mi hermano menor tenía problemas graves de salud. Por Dios, era terrible —su barbilla se estremeció un poco con los murmuros de simpatía—. Devastó a mi familia, en especial a mis padres. Es una larga historia, pero ya no importa. Gracias a Dios mi propia familia está sana. Después de pasar por eso, siento que me gané la lotería.

La mirada de Tiffany estaba fija en John y rápidamente comenzó a hablar.

—Yo pienso lo mismo, mi familia lo es todo para mí.

—Cuéntanos sobre ellos —dijo Eddie inclinándose hacia adelante.

—Bueno, mi esposo y yo nos conocimos cuando teníamos 17 —comenzó a contar Tiffany.

—¿Cómo se conocieron? —se sonrojó Tiffany.

—De hecho, nos asignaron en pareja para un proyecto de la clase de química. Es curioso cómo funciona el destino, ¿eh? Mi maestro prácticamente decidió mi futuro por mí.

—¡Qué conveniente! ¿Cómo les fue con el proyecto?

—Bueno, sobre eso, ¡definitivamente teníamos química! —Tiffany tenía las mejillas sonrojadas—. Nos pasamos todo el tiempo hablando de todo menos de nuestro proyecto. Teníamos tanto en común, incluyendo que no entendíamos mucho del tema. Así que no nos fue muy bien con el proyecto, pero lo demás... —los ojos de Tiffany se iluminaron y sus manos se movían animadamente—. Bueno, ninguno de los dos jamás será un científico, por decirlo así.

Hubo silencio y algunas sonrisas.

Olga se sentó erguida sobre su silla con los hombros hacia atrás.

—Para mí, son mis abuelos.

—¿Qué agradeces sobre tus abuelos? —preguntó Eddie.

—Ellos me criaron —agregó Olga—. Nunca conocí a mis padres, fallecieron en un accidente automovilístico semanas después de que nací. Así que, mis abuelos son mis padres. Son todo lo que siempre he tenido.

Después de un momento John se inclinó hacia adelante y comentó avergonzado.

—Vaya, Olga, lo siento. No tenía idea...

—Claro que no, ¿cómo podría saberlo? Nunca hemos hablado sobre eso —respondió Olga.

—Y, ¿cómo son tus abuelos? —preguntó John.

—Amorosos, cariñosos... y también estrictos. Me enseñaron a ser disciplinada, responsable y respetuosa. Siempre han sido amables, me abrazan mucho, pero nunca me dejaban salirme con la mía —una gran sonrisa se formó en su rostro, el tipo de sonrisa que sus colegas rara vez le habían visto.

La única persona que faltaba por compartir era Darius.

—¿Qué significa para ti la gratitud? —le preguntó Eddie.

Darius resopló.

—Yo creo que todo es una gran pérdida de tiempo, es una manera para que la gente floja se sienta bien al reflexionar. Es el tipo de cosas que encontrarías en las tarjetas de regalo. ¿Sabes a lo que me refiero? Superficial.

Todos se le quedaron viendo.

—¿Has visto esas tarjetas? —le dijo John y se rio. Eddie entrecerró los ojos.

—Cuéntame más.

—¡Vamos! —Darius cruzó los brazos sobre su pecho y se recargó sobre el respaldo de la silla—. Quedarse sentados y hablar de qué tan genial está todo, o el hecho de que hay otras personas en tu vida, no nos da muchos motivos para hacer las cosas, ¿o sí?

—Te escucho —Eddie lo animó—, así que, dime, ¿qué es importante para ti?

—La ética de trabajo —respondió Darius con firmeza—. Los estándares, la integridad.

Alguien arrastró los pies y se escuchó la apenas disimulada risa nerviosa de John. Eddie sonrió.

—Eso es bueno, Diferente pero bueno. Nosotros los humanos somos seres complejos. Todos tenemos creencias, y no importa lo que los demás pudieran pensar sobre nosotros, a todos nos importa algo. Así que teniendo eso en mente…

Durante el resto de la primera reunión continuaron compartiendo, algunas veces de manera titubeante, los distintos elementos de sus vidas por los que estaban agradecidos y lo que significaba para ellos. Ya fueran con una sonrisa vacilante o con el ceño fruncido, era evidente que no era un proceso fácil. Hubo exclamaciones silenciosas, o el ocasional «*Sí*», o «*Eso es bueno*», hasta que finalmente Eddie escuchó lo que había esperado escuchar: «*Sí, me puedo identificar con eso*».

—Muy bien, esto solo mejorará de ahora en adelante. —les aseguró.

Eddie podía ver cómo al fin estaban empezando a participar, a unirse a la conversación si estar dudando de sí mismos. Sonrío.

—Ahora, harán un pequeño experimento esta semana, a lo largo de su día; quiero que se den cuenta de las cosas por la que están agradecidos. Pueden ser grandes o pequeñas. Pueden ser cosas de las que nunca se hayan dado cuenta antes. Su trabajo es solamente darse cuenta de ellas y luego compartirlas en el chat de grupo que vamos a crear hoy. El ejercicio extra es compartirle a una persona por lo que estás agradecido de *ellos*.

—¿Qué pasa si no encontramos nada o a nadie por quienes estemos agradecidos?

—Preguntó Darius.

—¿En serio? ¡Sería la primera vez! Si mantienes tus ojos, oídos y mente abierta encontrarás algo y te sorprenderás. ¿Entendido?

Tiffany asintió con fuerza.

Darius se miraba escéptico.

Olga y John parecían no estar comprometidos.

—Entonces —continuó Eddie—, cada vez que nos reunamos tendremos una pequeña actividad o acción con la que experimentaremos. Rara vez tomará más de 30 segundos realizarla, así que la falta de tiempo nunca será una excusa. Su trabajo, si podemos llamarlo así, es realizar el experimento y compartir lo que sucedió con el resto del grupo. Que tengan un buen día —concluyó Eddie.

Darius empujó su silla hacia atrás ruidosamente.

—Estoy agradecido de que esta reunión al fin se acabara —dijo mientras se ponía de pie.

Tiffany lo miró y luego le dirigió una breve sonrisa a Eddie al salir. Una vez que todos salieron, Olga se acercó a Eddie.

—Hay algunas cosas de las que debemos hablar —le dijo.

«De vuelta a las trincheras», pensó Eddie mientras volvía a llenar su taza de café.

—Claro, cuéntame. —Eddie le respondió.

Capítulo 3: ¿Qué sigue?

Expresar tu gratitud puede ser la cosa más poderosa que puedes hacer hoy. Existe una infinidad de información positiva que respalda este hábito, desde cambiar tu perspectiva, hasta tener un impacto en tu salud o ayudarte a crear relaciones.

Investigadores de la Escuela de Negocios de Wharton descubrieron que los recaudadores de fondos de la universidad que recibieron un discurso motivacional por parte del director de donaciones anuales hicieron 50% más llamadas para recaudar fondos que aquellos que no lo recibieron. ¡Y sólo porque su jefe les agradeció! Los gerentes que dicen "gracias" a sus empleados, descubrirán que éstos están más motivados para trabajar más[1].

Esta semana, el programa de Artistas del Cambio invita a los participantes a darse cuenta y compartir su gratitud. Como ocurre con cualquier hábito nuevo, es necesario repetirlo y recibir retroalimentación positiva para que se consolide. Sin embargo, una vez que los participantes se dan cuenta del impulso que sienten al practicar la gratitud, ésta se convierte rápidamente en una de sus habilidades inevitables para responder al estrés y a los desafíos en el trabajo y en casa. Además, ¡sólo te toma unos segundos y no te cuesta nada!

---

1 https://www.health.harvard.edu/healthbeat/giving-thanks-can-make-you-happier

Opiniones de nuestros participantes

- *"Era escéptico al inicio, pero descubrí que compartir mis actualizaciones de los 5 peor me facilita responder a ello".*
- *"Fue alentador escuchar por lo que los otros miembros de mi equipo agradecían. Me ayudó a apreciar las pequeñas cosas".*
- *"Me di cuenta de que dar las gracias tiene más impacto que ser simplemente educado. Me hace sentir bien a mí y a los demás cuando comparto mi gratitud".*

¿Estás listo para comenzar un Foro con tu equipo? Contacta a community@forumsatwork.com y menciona Artistas del Cambio para recibir una Guía de Moderador de cortesía para el lanzamiento del Foro para facilitar tu primera reunión.

> *La palabra inglesa 'escuchar' (listen), tiene las mismas letras que la palabra inglesa 'silencio' (silent).*
>
> ALFRED BRENDEL

CAPÍTULO 4

El arte de escuchar

Eddie sabía que su estilo de liderazgo y lo que proponía serían un desafío para el equipo. Su padre había dirigido la empresa *a su manera* durante más de treinta años. Él era el Jefe, el Rey. A quien se le debía seguir y obedecer. *Haz lo que digo, no lo que hago*. No había posibilidad alguna de compartir ideas o colaborar. ¿Debatir ideas? ¡JA! Además, lo último que realmente querías hacer era cuestionarlo; eso sería un error fatal. Era su negocio y se iba que dirigir a su manera.

Dicho esto, Eddie tenía que reconocer el mérito que le correspondía: su padre era un excelente dueño. Trabajaba más duro que nadie, entendía al negocio de manera intuitiva y era muy bueno en lo que hacía. Hizo crecer un restaurante muy exitoso comenzando de la nada. Todos acudían al Sr. Edward cuando tenían dificultades o problemas y él los resolvía. Por ende, no era de sorprenderse que su padre pasara todo el tiempo en el restaurante apagando incendios. Amaba hacerlo; amaba la acción, amaba ser quien resolviera los problemas. Se volvió parte de su identidad. Incluso, durante los viajes familiares, sus clientes lo reconocían en los aeropuertos en el extranjero. Amaba ser el héroe.

El método de su padre era bastante diferente a lo que Eddie tenía en mente. Él no quería trabajar setenta horas a la semana. Para Eddie había más cosas en la vida que solo trabajar. Además, ¿qué hacía realmente durante esas setenta horas en el restaurante? Eddie creía en la creación de una cultura en la que las personas trabajaran juntas y asumieran responsabilidades. No le importaba ser *el jefe*. Eddie quería construir alianzas con los miembros de su equipo. Conseguir que todo el mundo se involucre y realmente se preocupe significa que el estrés y la carga se repartan entre toda la organización, en lugar de recaer en una sola persona. Además, Eddie realmente creía que a las personas les importaba, que estaban dispuestas a dar lo mejor de sí y que el papel de un líder era crear las condiciones para ayudarlos a conseguirlo.

Sin embargo, debido a una amarga experiencia, Eddie sabía que una cosa era establecer esta filosofía con un nuevo grupo de personas, como sucede en un nuevo emprendimiento, y otra, en un negocio familiar con una trayectoria de treinta años en la que se ha hecho las cosas de la misma manera. ¿Realmente se puede cambiar un sistema tan arraigado?

Eddie sacó el celular de su bolsillo mientras acomodaba su auto en el estacionamiento del restaurante y leyó los mensajes del chat de grupo. Se sorprendió gratamente por cuán rápido el equipo había aceptado el experimento de Gratitud.

> **Olga**
> Estoy agradecida por mis amigos y mi familia
> 👧👨
>
> **Darius**
> Estoy muy entusiasmado de que nuestro nuevo perrito solo se hizo pipí en la alfombra una vez 🐶...pero el día aún no se acaba, así que espero no haber hablado muy pronto.
>
> **Tiffany**
> Al fin pude ir a la alberca a nadar... ¡por primera vez en semanas!
>
> **Olga**
> Tuve suerte con el chofer del autobús esta mañana. ¡Se esperó unos momentos para dejarme subir cuando me miró corriendo!
>
> **John**
> Mi esposa y todo lo que hace por nosotros.
>
> **Olga**
> ¡¡Hasta ahora, no hay ninguna visita sorpresa del inspector de salubridad 🙏 🙏

El aroma a pan recién horneado que soplaba el viento le dio la bienvenida al llegar al restaurante, el cual ya estaba lleno. Los mozos acomodaban las sillas de las mesas mientras el equipo de cocina preparaba las verduras. La sopa de fideo con pollo se cocinaba a fuego lento en las grandes estufas y el aromático vapor impregnaba el aire cuando abrió la puerta a la pequeña sala de juntas.

Eddie observó al equipo tomar asiento, buscando alguna pista con su lenguaje corporal sobre cómo se sentían. Una vez que todos estaban en sus lugares, Eddie colocó su café a un lado, sacó su celular y sonrió.

—Buenos días a todos, gracias por acompañarnos en la reunión el día de hoy. Hicieron un buen trabajo compartiendo su experimento de gratitud en el chat de grupo. Esta mañana, quiero que hablemos sobre cómo le fue a cada uno con él. John, ¿por qué no empiezas? Cuéntanos cómo ha sido hablar de las cosas por la que estás agradecido".

John se movió nerviosamente sobre su asiento y titubeó un momento mientras miraba a su alrededor. —Está bien, empezaré. Pero, el mío no fue durante el trabajo. En la tarde después de nuestra junta estaba completamente cansado. Cuando llegué a casa, me eché en el sillón y me tomé una cerveza como suelo hacer todas las noches. La casa estaba en completo silencio, a excepción de mi esposa que trabajaba en la cocina; los niños estaban dormidos. Podía oler el salteado, mi favorito, cocinándose y el sonido de los vegetales chisporroteando en la estufa. Mientras estaba sentado, miré a mi alrededor y la casa estaba resplandeciente. Me sentí plenamente en calma y relajado. Podía ver a mi esposa moverse en la cocina preparando la cena desde donde estaba sentado en el sillón. Pensé sobre cómo todo esto era posible gracias a ella, por todo lo que hace todos los días. Este no es el caso para todas las familias, ¿saben? Bueno, mi celular sonó mientras estaba sentado. Era un mensaje; Tiffany había publicado sobre su entrenamiento, o algo así, y me recordó nuestra plática. Fue en ese entonces que mandé mi mensaje a nuestro chat de grupo. Fui a ganar puntos extras y le dije a mi esposa lo mucho que apreciaba todo lo que hacía por nuestra familia. —se sentó y cruzó los brazos frente a su pecho. —Así que, esa es mi historia.

—¿Cómo te fue? —preguntó Eddie.

—Pues, al inicio me miró extrañada —admitió John—. Me preguntó si algo andaba mal. Eventualmente se calmó y déjame decirte que no ha sido la misma desde entonces —continuó John sacudiendo la cabeza.

—Tampoco parece que tú has sido el mismo —Darius rio—. Te he visto bostezar por las mañanas.

John hizo un gesto con la mano restándole importancia a lo que escuchó.

—Amo a mi esposa y estoy agradecido por ella; siempre lo he estado. Pero me di cuenta de que ha pasado tiempo desde la última vez que se lo hice saber. Creí que era obvio, que ella lo sabía.

—¿Cuándo fue la última vez que se lo dijiste? —preguntó Eddie.

—Me avergüenza decirlo, pero realmente no me acuerdo… Eddie miró a Olga.

—¿Qué hay de ti, Olga? ¿Cómo ha sido tu experiencia? —le preguntó Eddie. Olga se sentó erguida sobre su silla.

—Ha sido bueno pensar en las cosas por las que estoy agradecida. Me di cuenta de que olvido muchas de las pequeñas cosas que son importantes. Por ejemplo, esta mañana mientras me arreglaba recordé que por primera vez en días no me dolía nada. Lo que, para variar, es muy bueno —dijo Olga, levantando la mano hacia su esternón y bajándola unos momentos después.

—¿Por qué te dolería algo? —preguntó Tiffany con preocupación en su voz.

—He estado teniendo problemas de salud desde hace tiempo —admitió Olga.

—Espera, ¿qué? —exclamó John—. ¿Cuáles problemas de salud? ¿Por qué no nos dijiste?

—No es la gran cosa —contestó rápidamente Olga—. No me gusta quejarme. Todos tenemos nuestros problemas, ¿no?

Eddie miró a los rostros de todos. Todos estaban viendo a Olga, así que Eddie intervino.

—Es increíble qué tan poco podemos conocer de la gente del trabajo con la que pasamos la mayor parte del tiempo, ¿no? Trajiste a la mesa un buen punto, Olga. ¿Hay una diferencia entre quejarse y expresar cómo nos sentimos? O, en otras palabras, ¿ser vulnerable?

Darius se encogió de hombros.

—No para mí. Solo es quejarse, no importa cómo lo veas.

Tiffany miró fijamente a Darius pero no dijo nada.

—¿Tú qué opinas, Tiffany? —preguntó Eddie.

Tiffany lo miró con una expresión de sorpresa.

—¿Quién? ¿Yo? —respiró profundo—. Bueno, yo pienso, ya sabes, qué sí es diferente.

—Adelante, continúa —la animó Eddie.

—Pues, quejarte se siente más como algo negativo, como culpar a algo o alguien, en lugar de solo describir cómo te sientes. Mi entrenador de natación nos solía decir que sólo las víctimas se quejan, si es que eso tiene sentido.

—¿Y si lo que compartes es negativo? ¿O algo que simplemente no es bueno? —preguntó John.

Tiffany se inclinó. Su confianza estaba creciendo.

—Bueno, toma como ejemplo lo que dijo Olga. No se estaba quejando ni esperando que nosotros resolviéramos algo por ella, sólo lo compartió. Cuando sabes cómo se sienten las personas, lo que pasa en sus vidas, ya sea bueno o malo, nos ayuda a entenderlas mejor. De otro modo, ¿cómo sabrías?

Eddie asintió.

—Muy buena explicación, Tiffany. Y Darius, estoy completamente de acuerdo contigo. Quejarse es un desperdicio de energía. Sin embargo, expresar cómo te sientes, sin ser juzgado, hará que sea más fácil dejar ir las emociones negativas en lugar de quedarse con ellas. También significa que no tienes que pasar solo por algo.

Eddie podía ver en sus rostros que estaban procesando sus palabras, así que continuó.

—Independientemente de que lo admitan o no, no podemos evitar sentir nuestras emociones. Agradecimiento, ansiedad, emoción, soledad. Todos sentimos estas emociones, pero sólo nosotros sabemos lo que está sucediendo. Compartir nuestras emociones significa hacerle saber a los demás por lo que estamos pasando. No hacemos la situación ni mejor ni peor, y necesitamos necesariamente explorar o explicar por qué nos sentimos de cierta manera. El cómo nos sentimos *es sólo eso*.

Darius sacudió la cabeza.

—¿Esta es la parte de la reunión en la que cantamos *Kumbayá*? Darius recibió miradas inexpresivas.

—Muy bien, ya hemos establecido que todos tenemos sentimientos.—añadió—. Eso es maravilloso. Pero de algún modo estaba bajo la impresión de que nos reuniríamos a discutir cómo aumentar las ventas y resolver problemas, como, por ejemplo, la próxima inspección. Ya saben, cosas que sí son útiles.

—¿No crees que nada de esto es útil? —lo cuestionó Eddie.

—Esto parece más una sesión de terapia que una reunión de trabajo —respondió Darius—. ¿Cuál es el objetivo de todo esto? Estamos aquí para trabajar. Todos conocen su trabajo y lo que tenemos que hacer. Todo estaría bien si todos hicieran justamente eso —Darius cruzó los brazos frente a su pecho y se recargó en el respaldo de la silla.

Eddie miró a su alrededor. Los demás estaban pensando y procesando todo, pero nadie parecía estar listo para intervenir. El arrebato de Darius hizo que el ambiente se volviera tenso. Eddie se inclinó.

—Lo que dices sería cierto si fuéramos robots. Lo que entiendo que estás preguntando es: ¿Por qué pasar tiempo conociéndonos si estamos aquí para trabajar? ¿Alguien más quiere opinar?

John levantó la mano.

—Adelante, John, no es necesario que levantes la mano —dijo Eddie con una sonrisa.

—Claro, claro... —John dijo mientras sonreía avergonzado y miró a Darius—. Honestamente, he pensado lo mismo que Darius, pero me pasó algo esta semana que me dejó pensando un poco. El domingo, Olga estaba de un humor raro. Vino a la panadería y estaba muy irritable —John narró evitando hacer contacto visual con Olga—. Como sea, esa no fue la primera vez, y como todos saben, no tolero que me traten mal. Lo que hacemos aquí todo el día es muy duro y si alguien viene con esa actitud yo voy a actuar igual. Pero bueno, como era día del padre y todo eso, y conociendo lo que aprendí sobre la historia de la familia de Olga, decidí morderme la lengua e ignorarlo —dijo John mientras se rascaba la nuca.

—¿Qué pasaba cuando surgía un conflicto entre los dos en el pasado? —preguntó Eddie. John se rio amargamente.

—Uf, todo se pone muy mal muy rápido. Por lo general no hablamos por el resto del día, y algunas veces podemos durar así por varios más. Incluso nos evitamos. Es estresante, y hace todo más difícil por lo que puede hacer que no fluyan bien las cosas. —John infló las mejillas al recordarlo.

—¿Qué pasa por tu mente cuando eso sucede? —preguntó Eddie. John respiró profundamente,

—Para ser honesto, lo odio. Tengo bastantes pensamientos negativos en mi cabeza: por qué yo estoy bien, por qué ella está mal, lo que le hubiera dicho, lo que diré la próxima vez. Todo una y otra vez. Eventualmente todo se calma y volvemos a la normalidad; por lo menos hasta que vuelve a suceder. Apuesto a que si hubiera reaccionado así el domingo hubiera vuelto a pasar. De hecho, se siente bien que evitáramos eso —concluyó John.

Olga levantó la mirada y re rio suavemente.

—Sí, es verdad.

—Tú ayudaste a evitar eso —Eddie señaló y volteó a su izquierda—. ¿Qué piensas después de escuchar esto, Tiffany?

—Creo que John realmente escuchó la historia de Olga el otro día y se lo tomó en serio. Como ya sabía más sobre ella y cómo se podía estar sintiendo en el día del padre, realmente pudo empatizar con ella —opinó Tiffany.

—Exacto. Escuchar fue esencial en el momento. ¿Alguno de ustedes conoce a alguien que es bueno escuchando?

—Sí, claro —dijo John—. Cuando era chico tenía un tío que era increíble escuchando. Me hacía sentir que era la única persona que importaba en el mundo cuando hablaba con él. No tenía que decirlo, pero me podía dar cuenta de que le importaba.

—¿Eso cómo te impactó, John?

—Realmente confiaba en él. Quiero decir, todos lo hacían. Él era mi tío favorito por mucho. Él era a quien todos admiraban, y cuando teníamos un problema acudíamos a él.

—¿Y él los ayudaba? —preguntó Eddie.

—No recuerdo que hiciera algo en particular. Nunca decía mucho, pero hacía muchas preguntas. Lo curioso es que siempre que terminaba de hablar con él, sabía lo que tenía que hacer. Así que supongo que, de alguna manera, me ayudaba…

—Mi abuela era igual —agregó Olga, con una cálida sonrisa adornando su rostro—. No reaccionaba ni decía mucho, pero sabía que tenía toda su atención. Estaba atenta a todo lo que le contaba. También sabía exactamente cómo me sentía, incluso si ninguna de las dos lo mencionaba.

Tiffany sintió un cosquilleo en el pecho al escuchar a Olga hablar sobre su abuela.

—¿Era psíquica? —preguntó Darius en tono burlón.

—Pareciera que algunas personas lo son —intervino Eddie rápidamente—. Lo que Olga está describiendo es algo que se conoce como la Zona 3 de escucha. Cuando escuchamos para conectar, estamos escuchando lo que la otra persona está expresando, lo que está sintiendo. Cuando estamos en la Zona 3 de escucha, podemos sentir realmente lo que siente la persona que está hablando, y no se necesita poder leer la mente. Algunas veces sólo es cuestión de sintonizarnos y conectar con lo que las personas *no* están diciendo —explicó Eddie.

—He sentido eso —dijo Tiffany con rapidez—. Lo siento cuando mi niña regresa a casa de la escuela después de tener un mal día. Cuando le pregunto qué pasa me dice que nada, pero sé por su tono de voz que hay algo que no me está diciendo.

—Eso me serviría con mi novia —dijo Darius.

—Puede que al final sí aprendas algo útil aquí —rio John.

—¿Qué tal esto? —añadió Eddie—. ¿Alguna vez han conocido a alguien que los interrumpe cuando están contando una historia, incluso cuando…?

—Ese sería mi hermano —exclamó John—. A penas puedes decir unas cuantas palabras sin que… —John dejó de hablar y sacudió la cabeza riéndose de sí mismo—. Debe ser genético —sonrió.

—¡Excelente demostración! —dijo Eddie guiñando el ojo.

—Sí, justo como lo teníamos planeado, ¿no es así, jefe? —se rio John.

—Entonces, si esa es la Zona 3 ¿Cuáles son las Zonas 1 y 2? —preguntó Tiffany.

—Buena pregunta. En la Zona 1 de escucha estás escuchando para responder, estás en tu propia mente, prestándole atención a tus propios pensamientos en lugar de lo que te están diciendo. Cuando estamos en esta zona, estamos escuchando para responder y, o estamos preparando lo queremos decir después o simplemente nos la pasamos interrumpiendo sin estar conscientes de que lo estamos haciendo —explicó Eddie.

Tiffany se sonrojó. Sentía como si un reflector estuviera sobre ella, como si Eddie le estuviera hablando directamente, como si él supiera que siempre practicaba mentalmente lo que iba a decir y frecuentemente perdía el hilo de lo que estaban diciendo.

—Es importante que no sean duros consigo mismos mientras empiezan a practicar esto. Vamos a practicar la conciencia desde la neutralidad. No se sabe lo que no se sabe, y ser conscientes de esto es el primer gran paso —dijo Eddie.

—¿Y la Zona 2? —preguntó Olga.

—La Zona 2 es escuchar para entender. Cuando estamos en esta zona de escucha, le estamos prestando atención a todo lo que la otra persona nos está diciendo. Como si solamente pudiéramos ver a esa persona. Dios, incluso puedes perder un vuelo si estás en la Zona 2 de escucha, de hecho, ¡me pasó una vez! —dijo Eddie sacudiendo la cabeza al recordarlo.

—Esto es lo que quiero que hagan —continuó Eddie—. Sigan su día con normalidad, pero cuando conversen con alguien, intenten averiguar en qué zona de escucha están.

¿En la 1, la 2 o la 3? Su trabajo es identificarlo y luego reportarlo en el chat de grupo tan pronto sea posible, ¿entendido?

Uno por uno asintió, todos excepto Darius, quien estaba mirando los avisos de seguridad rotos que cubrían la pizarra de anuncios como si fueran lo más interesante que jamás hubiera visto. Eddie rápidamente tomó la decisión de no desafiarlo. No aún.

—Ahora, como lo mencioné, van a descubrir algunas cosas sobre sus habilidades de escucha que pudieran ser incómodas para ustedes mientras hacen este ejercicio. No sean duros consigo mismos.

—¿Y cómo vamos de una zona de escucha a otra? —preguntó John.

—Practicando la conciencia desde la neutralidad —respondió Eddie.

—¿Por qué le dices conciencia desde la neutralidad? —preguntó Tiffany.

—Quiero que estén consientes de ustedes mismos —explicó Eddie—, pero que se mantengan neutrales si se equivocan y regresan a la Zona 1. Tenemos la costumbre de regañarnos cuando nos equivocamos, pero ¿recuerdas cuando tu hija apenas estaba aprendiendo a caminar? Piensa en todas las veces que se tropezó y se cayó. ¿Qué hiciste? ¿La regañaste?

Tiffany sacudió la cabeza.

—Claro que no.

—Exacto. Me imagino que la alentaste y celebraste incluso el más pequeño de los pasos que dio como progreso. Quiero que hagas lo mismo contigo. Si te molestas cuando te das cuenta de que no estás escuchando, o que estás en la Zona 1, no te preocupes, déjalo ir e intenta hacerlo mejor la próxima —dijo Eddie.

Tocaron a la puerta con firmeza y uno de los trabajadores de la primera línea se asomó a la habitación.

—Sra. Olga, disculpe que la moleste, pero hay un hombre que viene a verla. ¿Mencionó que es de la Consejo de Salud y Seguridad?

La habitación se quedó en silencio. Todos miraron en silencio cómo Olga juntó solemnemente su cuaderno y sus papeles, se puso de pie y caminó hacia la puerta. Le hizo un gesto con la cabeza a Eddie.

—¿Estás listo?

Eddie se abotonó la chaqueta mientras se ponía de pie y se acomodaba la corbata.

—Deséenos suerte… —dijo Eddie mientras él y Olga salían de la habitación.

—¿Suerte para qué? —preguntó Tiffany una vez que se cerró la puerta.

—Suerte de que pasemos la inspección y no nos clausuren —dijo John apoyando la barbilla en sus manos.

*

Eddie descubrió que la inspección era similar a una forma de tortura lenta y prolongada. Después de saludar brevemente al Sr. Abrahams, la inspección comenzó. Eddie miró de cerca como el inspector caminaba por el restaurante, revisando cada esquina, haciéndole preguntas ocasionales a Olga y escribiendo notas sobre su sujetapapeles.

El Sr. Abrahams tenía puesta una chaqueta oscura de tweed, unas gruesas gafas con montura puntiaguda y un semipermanente ceño fruncido. Se movía con pasos calculadores, las suelas de sus zapatos rechinaban suavemente sobre la loza del piso. Por lo general, Eddie era algo bueno para leer el lenguaje corporal, pero ni Olga ni el Sr. Abrahams le revelaban nada. Ambos mantuvieron una expresión estoica y calmada en todo momento y la postura corporal de ambos mostraba que estaban a la defensiva. Olga estaba cruzada de brazos y el Sr. Abrahams sujetaba su sujetapapeles cerca de su pecho. Ninguno mostró ni la más ligera sonrisa cuando Eddie intentó equivocadamente ser gracioso.

La inspección duró aproximadamente cuarenta y cinco minutos, pero Eddie sintió que transcurrieron horas. Todo lo que quería hacer era gritar: —¿Terminamos? ¿Aprobamos? Pero se mordió el labio y los siguió por detrás, sintiéndose como mal tercio.

Finalmente, el Sr. Abrahams escribió una última nota y lentamente volteó a ver a Olga.

—¿Hay algún lugar privado en donde podamos hablar?

Olga los condujo a su oficina, un espacio pequeño con un escritorio pequeño lleno de papeles y solo dos sillas. Eddie se quedó de pie mientras Olga y el Sr. Abrahams se acomodaban en las sillas.

—Así que, ¿cómo nos fue? —preguntó Eddie, sonando más calmado de lo que se sentía.

El Sr. Abrahams les echó un vistazo a sus notas durante algunos minutos antes dirigirles la mirada.

—No muy bien.

Le entregó el sujetapapeles a Olga, quien lo devoró con la mirada, revisando las hojas con rapidez para encontrar las áreas problemáticas.

—Los reprobaría bajo circunstancias normales —dijo el Sr. Abrahams, dirigiéndose a Eddie—, pero conozco a tu padre desde hace mucho tiempo y entiendo que no están en circunstancias normales.

Olga llegó al final del reporte y levantó la mirada. Las ojeras debajo de sus ojos eran oscuras y marcadas bajo la intensa iluminación fluorescente.

—Gracias —dijo con voz entrecortada. El Sr. Abrahams le dio su pluma.

—Firme aquí.

Olga sujetó la pluma y firmó la última página.

—Como pueden ver, los aprobé provisionalmente con una nota de consejos sobre varios puntos. Necesitan corregirlos todos para que los pueda aprobar finalmente.

Tomó el sujetapapeles.

—Regresaré en dos semanas y espero ver un cambio radical.

—Sí, sí, claro —dijo Eddie extendiéndole la mano para estrecharla. El Sr. Abrahams sujetó el sujetapapeles contra su pecho.

—Yo puedo encontrar la salida.

Eddie se dejó caer sobre el asiento después de que el Sr. Abrahams cerrara la puerta.

—Gracias a Dios que acabó —exclamó—. Por lo menos aprobamos. Olga se mordió el labio y revisó detenidamente la copia del reporte.

—¿Aprobamos? ¿Eso es lo que crees? —levantó el informe—. No nos engañemos, reprobamos. Puede que no pareciera así, pero estaba siendo amable con nosotros. Si no resolvemos las observaciones que nos hizo, y de inmediato, nos van a clausurar.

Capítulo 4: ¿Qué sigue?

¿Cómo calificarías tus habilidades de escucha? En una encuesta donde participaron 3,600 profesionales de 30 países, el 96% de los encuestados consideraron ser "buenos escuchando". Sin embargo, 8 de cada 10 de los mismos encuestados también admitieron que realizan múltiples tareas durante conferencias telefónicas[1]. Resulta que no somos los mejores para juzgar nuestras habilidades de escucha. El módulo de este capítulo les enseña a los participantes a observar y mejorar de inmediato sus habilidades de escucha.

Escuchar es más que solo oír lo que alguien está diciendo. La habilidad de escucha se ve impactada por nuestra actitud, nuestros procesos intelectuales y emocionales[2]. El hecho de mantener una conversación con alguien y oír lo que dice no significa que lo estés escuchando. El objetivo es desarrollar las habilidades de escucha activa.

Múltiples estudios han demostrado que la escucha activa ayuda a generar confianza, resolver desacuerdos, mejorar la productividad y reducir errores. Esto significa que escuchar mejor puede ayudarte a crear mejores relaciones y a mejorar tu desempeño en el trabajo[3].

El Paso de Acción de este capítulo es uno de los favoritos de nuestros participantes ya que los invita a examinar y ajustar rápidamente sus hábitos de escucha a lo largo del día.

---

1 https://newsroom.accenture.com/industries/global-media-industry-analyst-relations/accenture-research-finds-listening-more-difficult-in-todays-digital-workplace.htm
2 Jones JE, Pfieffe JW. The 1974 Annual Handbook for Group Facilitators. San Diego, CA: Pfieffer; 1974. Small Group Instructor Training Course (SGITC). 1998. By U. S. Army. [Google Scholar]
3 https://www.linkedin.com/pulse/benefits-active-listening-carey-evans/

Muchas personas se sorprenden al darse cuenta con qué frecuencia no están escuchando realmente, aunque crean que lo hacen. ¡Nos han contado que sus colegas e incluso sus familias notan el cambio inmediatamente!

Opiniones de nuestros participantes

- *"Puedo sentir que me comprometo más cada vez que intento escuchar en la Zona 3. Me doy cuenta de que antes apenas escuchaba, ¡sólo estaba planeando mi respuesta!"*
- *"Mi esposa está entusiasmada de que esté descubriendo cómo ser mejor oyente. Incluso me doy cuenta de las cosas que no dice."*
- *"Esto ha transformado mis conversaciones. Intento escuchar para comprender, en lugar de sólo escuchar para reaccionar."*

Comparte tu retroalimentación, recibe las últimas actualizaciones y conecta con otros miembros de nuestra comunidad global de forums@work mediante nuestro LinkedIn. Compartimos artículos relevantes sobre liderazgo de pensamiento, consejos y eventos para que aproveches al máximo la experiencia de tu Foro.

> *Lo que te mete en problemas no es lo que no sabes, sino lo que sabes con certeza y resulta que no es así.*
>
> MARK TWAIN

CAPÍTULO 5

Definiendo el liderazgo

Eddie
Acabo de salir de una conferencia telefónica con otras seis personas esta mañana y estuve en la Zona 1 muchas veces. ¡Algunas conversaciones son más fáciles que otras!

Tiffany
Anoche durante la cena tuvimos una reunión de Foro familiar. Hablamos sobre las zonas de escucha y mis hijas lo hicieron bien, pero mi esposo se encargó de establecer la Zona 0 :|

John
¡Me pasa lo mismo que a tu esposo @Tiffany!

Darius
Anoche, le sugerí a mi novia cenar pizza y cerveza lo que me respondió con un "está bien" pero supe lo que realmente significaba. Terminó siendo noche de pasta y vino.

Eddie
@Darius ¡Qué manera de llegar a la Zona 3!

Darius
Previne una crisis.

John
@Darius 😂😂

Tiffany
Estuve en la Zona 3 con mi mamá hoy. ¡Fue la mejor conversación que hemos tenido en mucho tiempo!

John
Le conté a mi hermano sobre las zonas de escucha… ahora sólo me interrumpe la mitad de las veces. ¡Es un progreso!

Olga
Hoy hice lo mejor que pude para mantenerme en las Zonas 2 y 3 con el inspector, pero definitivamente pasé mucho tiempo en la Zona 1. Las buenas noticias son que no nos van a clausurar… aún. Nos otorgaron una aprobación "condicional" junto con un informe de lo que se necesita mejorar.

Eddie
@Olga Aprovecharemos la oportunidad que nos brinda esta situación para no recibir una calificación reprobatoria cualquier otro día. ¡Gracias por la actualización y bien hecho! Reunámonos mañana a las 7 a. m. para discutirlo en el Foro.

Olga
OK, confirmado.

John

> **Tiffany**
> ¡Nos vemos!
>
> **Darius**
> Enterado.

Cuando Darius entró a la sala de descanso el viernes por la mañana, encontró a Olga sentada en la mesa con la espalda encorvada estudiando un documento sin apartar la mirada.

—¿Cómo nos va?—preguntó Darius.

Olga levantó la mirada, se le notaba una expresión cansada en el rostro.

—Vivos para luchar un día más.

Tiffany y John entraron hablando en voz alta y rápidamente guardaron silencio al sentir el ambiente de la habitación.

Todos tomaron asiento y sin perder el tiempo, Eddie comenzó. —Olga, iniciemos contigo. Cuéntanos todo.

Olga carraspeó la garganta y miró nerviosamente a Eddie.

—El inspector fue muy estricto. Siguió cada política al pie de la letra. Fuimos de estación en estación del restaurante, estaba muy nerviosa y sólo podía pensar «Por Dios, ¿y si fallamos?», no era un buen momento para estar en la Zona 1. En un punto le comenté que estaba muy agradecida de que estuviera ahí para ayudarnos a mejorar nuestro restaurante.

—Buen detalle —dijo Darius.

John cruzó los brazos firmemente y se inclinó hacia delante. Tiffany se mordió las uñas.

Olga soltó una breve sonrisa.

—Sí, creo que le sorprendió tanto que nos ayudó. Pareció relajarse un poco. Iba a restarnos puntos por nuestro registro de limpieza de los sanitarios, pero de hecho ignoró eso. Si no lo hubiera hecho, habría sido nuestro fin.

—¡Nos ayudaste mucho, Olga!—exclamó John.

—En pocas palabras, nos dieron una aprobación condicional. Tenemos algunas áreas en dónde nos restaron puntos, incluyendo la limpieza de los sanitarios, mantener los registros de limpieza, el área de panadería y los niveles de temperatura del refrigerador. El inspector regresará en las próximas semanas para otra inspección. Si volvemos a fallar en cualquiera de estas áreas, ya no va a haber más advertencias; nos van a clausurar.

—¿Clausurar por cuánto tiempo? —preguntó Tiffany. Olga suspiró.

—Quién sabe, nunca nos han clausurado. Hace unos años nos dieron una aprobación condicional y nunca había visto a Edward tan estresado. Según entiendo, si reprobamos, nos clausurarán hasta que resolvamos los problemas y entonces tiene que regresar y aprobarnos antes de que podamos volver a abrir. La cuestión es que desencadena una peligrosa serie de acontecimientos. Cuando cierran un restaurante pegan un gran letrero rojo al lado de la puerta y cuando el centro comercial se entere, puede que no nos renueven el contrato de arrendamiento.

—Déjame ver si entendí —dijo John—. ¿Pueden venir en cualquier momento durante las próximas semanas, y si el lugar no está en buenas condiciones nos pueden clausurar? Puedo garantizarles que estará limpio cuando esté en el restaurante, pero no estoy aquí 24/7, ¿qué puedo hacer?

—Es por esto por lo que necesitamos informarle al resto de los trabajadores. No podemos hacer esto solos —le explicó Eddie.

—¿Dependemos de los trabajadores para esto? Guau, estamos jodidos.—dijo Darius haciendo un ademan con sus manos en el aire.

—Si no confías en que tu equipo saldrá adelante, se darán cuenta. La confianza en las personas es lo que la luz de sol es para una planta. Es vital para su crecimiento —contestó Eddie.

Darius se mantuvo en silencio, pero Eddie podía ver la duda en su mirada.

—Después de nuestra reunión quiero que reúnan a su equipo y les expliquen lo que está sucediendo y lo que necesitamos hacer para aprobar —indicó Eddie—. Olga, quiero que tomes el informe que te dieron y realices dos auditorías al día sobre él.

Olga asintió.

—Eso debería mantenernos a salvo a corto plazo.

—En el futuro —les dijo Eddie—, si hacemos que el resto de los trabajadores nos apoyen y hacemos que realmente les importe, podremos mantenernos en el camino correcto —Eddie miró las caras de preocupación de sus compañeros—. En este momento, en esta habitación, tenemos a todos los líderes. Creo en cada uno de ustedes y sé que lo lograrán, pero me pregunto, ¿cómo percibe cada uno su papel de líder?

—Asegurarse de que cada quién haga su trabajo —respondió Darius rápidamente—. Pero sólo puedo hacerlo cuando estoy aquí.

Eddie pensó por un momento.

—En los inicios de mi vida profesional, cuando trabajaba para la marca de yogurts Danone en París, tenía un jefe llamado Thierry Bonetto. Trabajar con él influyó enormemente en mi vida profesional y en mi desarrollo. Thierry se tomaba el tiempo de capacitarme y darme retroalimentación honesta antes y después de trabajar. Me podía dar cuenta de que le importaba mi persona y mi crecimiento y eso me ayudó a estar más abierto a su retroalimentación crítica… la mayor parte del tiempo. Me mostró que tenía mucha fe en mí, probablemente más de la que yo me tenía en ese entonces. Cuando piensas en un excelente líder, de quienes conoces personalmente ¿en quién piensas?

John respondió de inmediato.

—Una vez tuve un jefe, Louis Frederico. Dios seguiría a ese hombre a donde fuera.

—¿Qué lo hacía tan genial?—preguntó Tiffany.

—Sólo sabías que le importabas y que te apoyaba. Eso me hacía querer hacer lo mismo por él. Y no era el único, todos sentían lo mismo por él —dijo John.

—¿Cómo puedes estar tan seguro?—preguntó Olga.

—Louis, además de ser mi jefe, se preocupaba genuinamente por mí como persona. Se interesaba por mi familia y recordaba lo que le contaba; recordaba todo —aportó John.

—Tuve un profesor así en la preparatoria —añadió Tiffany—. También podía notar que realmente le importaba como persona, y no solo por una buena calificación. Nunca falté a sus clases.

—Una vez tuve a un jefe que se metía a las trincheras con nosotros —añadió Olga—. Siempre estaba a nuestro lado para apoyarnos. Ningún trabajo era demasiado insignificante para él.

—¿Qué hay de ti, Darius?

Reinó un largo silencio. Darius tenía una expresión pensativa en su rostro, y finalmente se encogió de hombros.

Eddie redirigió la conversación.

—¿Qué sucede cuando no hemos tenido ningún buen líder del cuál aprender?

—No tenemos un modelo a seguir —contestó de inmediato Olga.

—Cuando se trata de un líder, quiero que sea alguien que va a cumplir con lo que dice —participó John.

—Alguien que me apoye y me ayude a crecer, alguien a quien le importe —agregó Tiffany.

—Quiero saber qué tal estoy haciendo mi trabajo. Sin rodeos, que sea sincero —dijo Darius.

—¿Conocieron líderes con los que no les haya gustado trabajar?

—En mi trabajo anterior, nunca sabíamos de qué humor iba a estar el jefe—recordó Tiffany—. Un día estaba feliz y entusiasmado, y al siguiente podía estar triste y desanimado. Como fuera que se estaba sintiendo ese día, cambiaba el ambiente del lugar. Lo peor era que nunca nos sentimos realmente como un equipo. Incluso cuando las cosas se ponían muy ajetreadas y realmente necesitábamos ayuda, él no era el tipo de persona que se ensuciara las manos. Seguido nos ordenaba hacer una cosa y luego él mismo hacía otra completamente diferente.

—Bien, hay muchas respuestas diferentes. ¿Eso qué les dice?—les preguntó Eddie.

—¿Que todos estamos inventando cosas y no sabemos de lo que estamos hablando?—dijo John y se rio.

—Creo que el liderazgo tiene un significado diferente para cada persona —declaró Tiffany mirando a su alrededor en busca de aprobación.

Eddie asintió.

—Sí. Entonces, teniendo en cuenta que todos ustedes están liderando equipos ¿qué creen que su personal espere de un líder? ¿Qué quieren de ustedes?—preguntó Eddie.

Se produjo un largo silencio.

—¿Quizás, la razón por la que no sepan la respuesta es porque nunca se lo han preguntado?—señaló finalmente Eddie—. Pero en lugar de adivinar, quiero que lo averigüen. Pregúntenles a los miembros de su equipo ¿qué es lo que buscan en un líder?

Darius hizo un ademan con sus manos en el aire y suspiró profundamente debido a la frustración.

—Espera, espera, ¿qué pasó con el asunto que nos incumbe? ¿Qué hay de la inspección y de hacer que las personas pongan de su parte y nos ayuden a mantener en pie el restaurante? ¿No deberíamos resolver primero eso y luego hacer nuestro pequeño estudio de campo en otro momento?

—Eso es exactamente lo que vamos a hacer —contestó Eddie de inmediato—. Pero necesitamos la ayuda de todos, lo que significa que necesitamos saber cómo quieren que se les apoye.

Darius miró a sus colegas, esperando que alguien lo apoyara.

—¿Chicos? Ayúdenme aquí. ¿Acaso me equivoco?

—¿Por qué no podemos hacer ambas a la vez?—preguntó Olga—. Entre más hagamos que las personas participen, más van a trabajar con nosotros para cambiar esta situación, ¿no?

John y Tiffany asintieron.

—Claro, porqué no.

Eddie aplaudió.

—Bien. ¡Hagámoslo!

*

El martes por la mañana, Eddie llegó temprano a casa de sus padres. El jardín de su mamá había florecido con lilas, narcisos y tulipanes adornando los grandes arbustos verdes. Los aspersores habían dejado una neblina de rocío suspendido en el aire, atrapando los rayos del sol y creando el efecto de un hermoso arcoíris.

Cuando Eddie entró, su padre estaba sentado en la mesa y se miraba malhumorado. Lo primero que pensó Eddie fue que su padre estaba teniendo un día particularmente doloroso con sus heridas.

—Buenos días, papá. ¿Cómo estás?

—Bien… Eddie. Sólo bien.

Años de experiencia le crearon un instinto de saber cuándo su padre no estaba de buen humor. Algo estaba sucediendo y Eddie decidió ir directo al grano.

—Papá, tengo malas noticias... Yo...

—Ya sé, Eddie. Olga me informó —levantó la mirada con el ceño fruncido—. ¿Cómo pudiste dejar que esto pasara? ¿Una aprobación condicional? ¿Qué va a pensar la gente? Se arruinará todo por lo que he trabajado. Además, ¿qué demonios estás haciendo ahí? ¿Qué significan todas estas reuniones que estás teniendo? Estás distrayendo al personal de su trabajo y ahora eso nos ha expuesto a una gran catástrofe.

Eddie sintió que se le caía el alma a los pies y su mente no paraba de pensar: «¿|Soy responsable? Acabo de *llegar... Ni siquiera me pagan por hacer esto*».

El Señor Edward no había terminado.

—Treinta años manejando este negocio y esto nunca me había pasado y ahora...

—Su padre sacudió la cabeza con una decepción solemne, que atravesó a Eddie Jr. como un cuchillo.

A pesar de que Eddie sabía que no era verdad, que no era la primera vez que el restaurante había obtenido una aprobación condicional, no tenía sentido atrapar a su padre en su mentira, eso solo empeoraría la situación.

—Te dije, Eddie. Necesitas supervisarlos y asegurarte de que estén haciendo su trabajo y no tener esas inútiles conversaciones filosóficas. Deja de desperdiciar el tiempo de todos. Por el amor de Dios, hijo, son trabajadores de restaurante, no graduados de Harvard.

Eddie no pudo contenerse más.

—¿Y luego qué, papá? Los superviso todo el día, trato de controlar todo lo que hacen, ¿y luego qué? ¿Qué sucederá la siguiente semana? ¿O la semana que le sigue? Si el lugar no puede funcionar sin ti, no tienes un negocio, ¡sólo tienes un trabajo que te paga bastante bien! ¿Por qué no tener un restaurante en el que la gente se sienta orgullosa de su trabajo en lugar de que sólo los estés cuidando?— respiró profundamente y continuó hablando antes de que su padre pudiera interrumpirlo—. Por cierto, a estas personas sí les importa, papá. ¿Te diste cuenta de las ganas y el entusiasmo que tenían cuando los contrataste? Ellos quieren hacer las cosas bien y necesitamos ayudarlos a crecer y ser exitosos.

Su padre lo miró con desdén.

—Así que te quieres gastar mi dinero para forjar y capacitar a estas personas...

¿Para qué? ¿Para que puedan irse y trabajar al otro lado de la calle por 0.50 dólares más la hora? Ya pasé por eso, Eddie. He estado en este negocio durante 30 años... desearía que lo reconocieras y me dieras crédito por ello. Hijo, en este negocio si quieres que algo se haga bien, lo tienes que hacer tú mismo. Este no es ni el momento ni el lugar de capacitar a los futuros líderes del mañana.

—¿Y cuándo será el momento, papá? Te has vuelto excelente en lo que haces porque has tenido la oportunidad de intentar, fallar y aprender, una y otra vez. No estoy diciendo que deberíamos dejarlos hacer lo que quieran, lo que digo es que todos quieren ser exitosos. Podemos ayudarlos a que aprendan a asumir parte del estrés del negocio.

Su padre refunfuño.

—Parece que voy a tener que regresar y hacerlo yo mismo.

Eddie había escuchado suficiente.

—No.

Su padre lo miró con el ceño fruncido.

—¿A qué te refieres?

—Te digo que no, no necesitas regresar. Me llamaste porque el restaurante estaba teniendo problemas y los estoy solucionando a mi manera.

—¿Con un montón de reuniones en donde se sientan a hablar de sus sentimientos? Es una pérdida de tiempo, y lo que es peor, no los estás dejando hacer su trabajo.

—Se inclinó hacia delante, su cara estaba roja y sus cejas estaban juntas debido a la ira. Era una expresión que Eddie había visto muchas veces al crecer.

—Te prohíbo que hagas esas reuniones. A partir de ahora vas a parar esta estupidez de nuevas propuestas y vas a hacer lo que te diga. ¿Entendido?

Esto era demasiado. Eddie se puso de pie, apretando y relajando sus puños. Sólo quería golpear a su padre.

—¡No! ¡No entiendo y no lo haré! —sentenció finalmente. Dio media vuelta y se dirigió hacia la puerta.

—Mientras esté ahí, haré las cosas a mi manera, ¡la manera en que pienso que se deberían hacer!

Eddie salió furioso de la casa, los gritos y maldiciones de su padre lo acompañaron todo el camino hasta su carro.

Capítulo 5: ¿Qué sigue?

Considera esto:
- El 58% de los gerentes afirman que no recibieron capacitación alguna sobre dirección.
- Una encuesta de *Harvard Business Review* descubrió que el 58% de las personas confían más en extraños que en su jefe.
- El 79% de los empleados menciona una "falta de reconocimiento" como motivo para renunciar a su trabajo.
- El reconocimiento es la principal motivación que los empleados dicen que su jefe podría proporcionar para inspirarles a hacer un gran trabajo[1]

No importa cómo se mida, los gerentes y los líderes en el trabajo tienen un impacto directo positivo o negativo en sus equipos y en toda la organización. Nuestro programa les proporciona a los miembros de tu equipo las herramientas que necesitan para tener un impacto positivo como Líderes Transformacionales.

En este módulo del programa de Artistas del Cambio, los participantes exploran lo que significa ser un Líder Transformacional. Les preguntarán a sus colegas acerca de su experiencia con los grandes líderes y explorarán lo que significa el liderazgo para ellos. De pronto, todos en tu organización estará pensando y hablando sobre un buen liderazgo. Éste es el primer paso para crear un equipo de trabajo de líderes comprometidos, inspiradores y que generen impacto en tu organización.

---

1 https://www.forbes.com/sites/davidsturt/2018/03/08/10-shocking-workplace-stats-you-need-to-know/

Opiniones de nuestros participantes

- *"Esto ha sido una experiencia reveladora. Estoy aprendiendo que el liderazgo tiene un significado diferente para todos".*
- *"Este fue un gran ejercicio para nuestro equipo. Aprendí que necesito mejorar mis habilidades de comunicación y de escucha para ser un mejor líder".*
- *"Me percaté de que la comunicación abierta y el respeto son las habilidades de liderazgo más importantes para mí, pero que es diferente para todos".*

> *Lo que hay que hacer para cambiar a una persona es cambiar la consciencia de sí mismo.*
>
> ABRAHAM MASLOW

CAPÍTULO 6

¿Cómo me perciben los demás?

A la mañana siguiente, Eddie aún se sentía desanimado por la conversación que había tenido con su padre.

—¿Cómo estás?—le preguntó Olga mientras se sentaba en la silla. Olga sostenía una taza de café en una mano y una libreta en la otra.

—Honestamente, me siento algo frustrado por la conversación que tuve con mi padre ayer. Además, tampoco dormí muy bien.

Olga se quedó callada, sorprendida por la respuesta tan franca. Eddie forzó una sonrisa al darse cuenta de su reacción.

—El cinco por ciento de lo peor, ¿eh? Pero, gracias por preguntar —Eddie miró a su alrededor—. ¿Qué tal ustedes? ¿Cómo les fue con las conversaciones sobre liderazgo con sus respectivos equipos?

—Los miembros de mi equipo parecían estar sorprendidos al inicio —participó Tiffany—. Pero tuvieron mucho que decir una vez que iniciamos.

John encogió los hombros.

—Estuvo algo variado. Todos tienen necesidades diferentes, pero me hizo reflexionar sobre cómo tratar a las personas de acuerdo con lo que necesitan. Nunca había pensado en eso.

—Entonces, ¿cómo creen que los percibe su equipo? —les preguntó Eddie.

—¿A qué te refieres? ¿Cómo nos perciben? —preguntó Olga.

—¿Alguna vez alguien los percibió de una manera… pero estaban completamente equivocados? —preguntó Eddie.

—Sí… todos los días… se llama "cara de pocos amigos" —comentó Tiffany, provocando que John y Darius se soltaran a carcajadas—. Me lo dicen *todo* el tiempo.

Olga parecía estar perdida.

—¿Y eso a qué se refiere?

—Pues, aparentemente cuando estoy pensando, la expresión en mi rostro hace parecer como si estuviera molesta o algo así. La gente siempre me pregunta porqué estoy tan enojada, incluso cuando estoy teniendo un buen día. Es bastante divertido —dijo Tiffany con los pulgares arriba y sonriendo de manera exagerada.

—¿Entonces no estás enojada todo el tiempo? Es bueno saberlo —Darius rio entre dientes.

—¿Qué creen que signifique eso?—preguntó Eddie.

—Supongo que significa que la gente cree en lo que ve… piensa que es real…

¿incluso si no es así?—respondió John.

—¿Cuál es el riesgo que eso conlleva?

—Puede que pretendamos transmitir un mensaje, pero terminamos dando uno completamente diferente—sugirió Tiffany.

—Pero no puedes controlar lo que piensa la gente,—protestó Darius—. Si hiciéramos eso, pasaríamos todo el día tratando de cuidar los sentimientos de los demás.

—No se trata de ser controlador, sino de estar consciente del impacto que tenemos sobre los demás. Darius, ¿cuál crees que es la solución?—preguntó Eddie.

—Sencillo. Las personas necesitan no ser tan sensibles o renunciar fácilmente.—contestó Darius.

—¿Y cómo les ha funcionado eso hasta ahora?

—Bueno ciertamente se han ido muchos —intervino Olga. Eddie asintió con la cabeza.

—Nuestros empleados son voluntarios. Están aquí por su propia voluntad y se pueden ir en cualquier momento, ¿cierto?

—Los mozos tienen el trabajo más difícil aquí —refunfuñó Darius—. Todo el día limpiamos los baños, lavamos los pisos y movemos cajas grandes. Nosotros no estamos ahí afuera entregando comida vistiendo trajes elegantes.

—Te aseguro que la panadería no es nada fácil —afirmó John a la defensiva.

—Además —continuó Darius—, estamos contratando personas que son Millennials y de la generación Z, digo, ¿qué podría ser peor? Son flojos, presuntuosos y no se concentran, siempre se la pasan en sus teléfonos.

Eddie asintió.

—Entiendo, estar en el rol de líder puede ser abrumador, en especial cuando tienen que tratar con las emociones de los demás. Una de mis experiencias sobre este tema, ocurrió cuando estaba dirigiendo las instalaciones de una empresa de manufactura en Carolina del Sur. Todas las mañanas caminaba por la planta de trabajo y saludaba a todos. Un día uno de los trabajadores me fue a ver a la oficina, se notaba que estaba nervioso, y me preguntó qué era lo que él había hecho mal. Me tomó por sorpresa y estaba muy confundido, así que le pregunté sobre a qué se refería. Él me contestó que quería saber si iba a perder su trabajo, pero yo no podía comprender cuál era el motivo. ¿De qué rayos me estaba hablando? Eventualmente, comprendí que ese día no lo había saludado en mis rondas matutinas. Y para empeorar las cosas, había estado frunciendo el ceño. Le comenté que esa mañana no me había caído bien mi desayuno y que debió de haberse notado en mi cara, que no había sido mi intención ignorarlo. Había más de 200 personas trabajando en el piso de planta y nuestros caminos simplemente no se habían cruzado esa mañana, solo eso.

Sin embargo, esta experiencia me enseñó que, como líderes, siempre nos están observando y todas nuestras acciones están siendo interpretadas. Por lo tanto, la manera en que nos presentamos ocasiona un efecto en cadena, nos guste o no. La buena noticia es que ya había establecido la confianza suficiente para que el trabajador se acercara conmigo ese día y le pudiera explicar lo que realmente sucedió; de otro modo, no sabría lo que hubiera pasado.

Olga asintió.

—Me puedo imaginar cómo puede suceder eso. En algunas ocasiones ha venido tu padre y he creído que estaba enojado conmigo todo el día, pero después me doy cuenta de que me lo había imaginado todo. Eso me desconcentra todo el día.

Eddie se dirigió al grupo.

—¿Cómo creen que los percibe su equipo?

«Como la novata que no sabe lo que está haciendo», pensó Tiffany. John fue el primero en responder.

—No sé porque pienso que nuestro siguiente ejercicio va a ser…

—Espera… ¡por supuesto que no! No me digas que quieres que vayamos a preguntarles a nuestros subordinados lo que piensan de nosotros. Puedo pensar en muchas maneras de tortura físicas que suenan mejor que eso —intervino Darius, mirando a todos en la habitación en busca de apoyo.

—Casi —les dijo Eddie—, pero no quiero que les pregunten lo que piensan de ustedes, sino cómo los perciben, es muy diferente.

—Eddie, eso me pone nerviosa —admitió Olga.

—Claro, esto haría sentirse nervioso a cualquiera. ¿Quién más se siente así? Todos levantaron la mano.

Eddie levantó las dos manos.

—Me siento igual que ustedes. Esto es lo que les va a ayudar, empiecen diciéndoles PORQUÉ les están preguntando, generen un poco de contexto —les indicó Eddie.

—Por ejemplo, pueden presentar la idea diciendo: "Estoy tomando una capacitación de desarrollo de liderazgo y parte de eso se basa en descubrir más sobre nosotros, así que nos estamos basando en mucha retroalimentación honesta". Si se sienten incómodos, ¡compártanselos! Háganles saber cómo se sienten. Quizás les pueden decir: "Me siento un poco incómodo preguntando esto, pero sé que me ayudará a crecer, así qué, ¿cómo me perciben? ¿qué cambios puedo hacer para tener el mejor efecto en mi éxito?"

Eddie miró a su alrededor para observar las reacciones de todos.

—Puedo hacer eso —dijo Olga—. Genuinamente, tengo curiosidad de escuchar lo que los demás tienen que decir. Uno no sabe lo que no sabe.

—Eso es verdad —asintió Tiffany—. ¿Qué tal preguntarles a personas que no sean del trabajo? ¿Podemos hacer eso

—¿En quiénes pensaste?—preguntó Eddie.

—Mi esposo y mis hijos. Me gustaría saber lo que tienen que decir.—dijo Tiffany. John repentinamente se sintió angustiado, pero no dijo nada.

—Esa es una excelente idea, Tiffany —dijo Eddie—. Tienes puntos extra por eso.

—¿Y qué tal más puntos extra si le pregunto a mis suegros?—exclamó Tiffany. El grupo se soltó a carcajadas. Tiffany se sonrojó, agachó la cabeza y sonrió.

Eddie hizo un gesto con las manos para llamar la atención de todos.

—Antes de que se retiren, tengo algunos consejos para compartirles. Eddie observó su libreta y leyó en voz alta lo siguiente:

"Para hacer que esto realmente funcione, inicien diciéndose a sí mismos:

Voy a aceptar todo lo que la persona diga como su percepción, no como la verdad, un insulto, o incluso como un cumplido. Simplemente es su punto de vista.

Voy a expresar mi gratitud por su retroalimentación.

Voy a tomar notas, les agradeceré y les haré saber que lo procesaré durante una semana y luego regresaré."

—Voy a necesitar leerlo de algún lado para poder recordar todo eso.—bromeó Darius.

Eddie le repartió una hoja a cada uno de ellos.

—Lean esto un par de veces, eso debería ayudarlos y no importa si no lo dicen tal cual está escrito.

Todos miraron el papel como si fueran estudiantes de preparatoria revisando su última tarea.

—Oh, y una última cosa. Conforme vayan pensando a quienes entrevistar para este experimento, puede que piensen en alguien con quien se sientan aterrados de acercarse. Quizás pensarán: "No hay manera de que le pregunte a esa persona". ¿Alguien ya se sintió así?

John y Darius levantaron la mano y asintieron.

—Probablemente esa sea la persona de la que más pueden aprender, así que no la eviten…

«Como si pudiera preguntarle a mi esposa», pensó John mientras retiraba su asiento hacia atrás y recogía sus notas.

John pensó en la tarea durante el resto de su turno. Habló con algunos de sus muchachos y escuchó una variedad de comentarios, la mayoría eran cosas que él esperaba, pero otras lo dejaron reflexionando. Mientras John conversaba con su equipo podía escuchar una molesta y persistente voz en su mente que le decía: "¿Cuál sería la respuesta de mi esposa? ¿Por qué tengo tanto miedo de preguntarle?

Y luego sintió cómo su estómago daba un vuelco al darse cuenta de que estaba perdido en la Zona 1.

*

Darius encontró a Marco tomando suministros dentro del cuarto frío.

—Marco, necesito hablar contigo.

Marco se detuvo en seco, como un niño que hubieran atrapado haciendo algunas travesuras.

—No te preocupes, no estás en problemas —lo calmó Darius—. Solo necesito que me digas cómo soy como jefe. ¿Cómo me percibes?

Marco bajó abruptamente la caja de tomates que estaba sosteniendo y frunció el ceño.

—¿Cómo te percibo?—Marco tartamudeó—. Uh... Bien... Genial... Sin ningún problema. ¿Por qué?

—Estoy en este programa de capacitación y nos están haciendo hacer esto. Sólo estoy buscando retroalimentación.

¿Cómo me percibes?—preguntó de nuevo Darius, sintiéndose igual de incómodo que Marco.

—Todo está muy bien —respondió Marco de manera automática. Darius insistió.

—Mira, sé que esto es raro, también es raro para mí, pero sé honesto, ¿cómo soy como jefe?

—¿Eres un buen jefe?—respondió Marcus, intentando responder correctamente mientras se frotaba los brazos para mantenerse en calor.

Darius respiró profundamente y pensó en lo que diría a continuación. Marco frotó sus manos vigorosamente.

—No puedo sentir mis dedos —murmuró.

—¿Por qué no dijiste nada?—ambos salieron de ahí y Darius volvió a intentarlo—. Muy bien, ¿qué me haría ser un *mejor* jefe?—preguntó.

Marco estaba pensando detenidamente.

—Pues, eres la persona más trabajadora que jamás he conocido —inició—. Es sólo que a veces, bueno, algunos de los muchachos se sienten un poco nerviosos al acercarse a ti.

—¿No es fácil hablar conmigo? —preguntó Darius. «*No es mi culpa que sean cobardes*», pensó. Entrecerró sus ojos, abrió la boca para hablar, pero se detuvo y respiró profundamente. Los dos hombres se mantuvieron de pie acompañados por un silencio incómodo.

—Muy bien, bueno, gracias por la retroalimentación —dijo Darius finalmente. Marco se quedó perplejo, sus ojos estaban abiertos al igual que su boca.

—¿Eso es todo?

—Sí, eso es todo. Fue una buena charla —respondió Darius mientras se alejaba.

Marco lo llamó.

—Ey, Darius, ¿Puede ser mi turno?

—¿Turno de qué?

—¿Cómo es trabajar conmigo? ¿qué me podría hacer mejor?— preguntó Marco.

*

Olga encontró a Annie utilizando su teléfono en la sala de descanso. Annie era una de sus mejores meseras, estaba a mitad de sus 20, tenía su cabello recogido en una gruesa coleta y tenía una sonrisa que podría iluminar toda una habitación.

Olga se sentó y Annie la miró nerviosa.

—Annie, ¿puedo hablar contigo un momento? —preguntó Olga. Annie apagó su celular y respondió con rapidez.

—Sí, claro. ¿Pasa algo?

—Todo está bien, solo esperaba que me dieras retroalimentación. Annie guardó silencio, por lo que Olga insistió.

—El equipo de gerencia y yo estamos trabajando en nuestro liderazgo y todas las semanas nos reunimos en un Foro y exploramos un tema diferente juntos. Esta semana estamos hablando sobre cómo nos perciben los miembros de nuestro equipo, la impresión que damos, independientemente si pretendemos que sea así o no. Esperaba que pudieras ayudarme con esto —dijo Olga.

—Muy bien, pero ¿cómo?

—Pues, hemos trabajado juntas por un tiempo. ¿Cómo me percibes? ¿Cuál es la impresión que doy?—preguntó Olga.

Annie miró a la mesa y tiró nerviosamente de su coleta.

—Yo creo que es una excelente jefa, Sra. Olga. Quiero decir, no tengo ningún problema, todo está bien —balbuceó Annie.

Olga abrió la boca para decirle que se dejara de rodeos, pero se detuvo al darse cuenta de que no había terminado de hablar.

—Y nos ha enseñado cómo trabajar duro y como hacer bien nuestro trabajo —se detuvo Annie.

El silencio pareció ser eterno. Annie estaba jugueteando con su cabello y Olga quería acercarse más y decirle algo, pero se forzó a no hacer nada. Finalmente, Annie levantó la mirada de la mesa e hizo contacto visual con Olga.

Olga sonrió.

—Gracias por decir eso. ¿Hay alguna otra cosa que me quieras compartir? Annie respiró profundamente.

—Todos la respetamos, es sólo que, bueno, algunas personas tienen miedo de hacerle preguntas, de decepcionarla —le confesó Annie.

—Cuéntame más… esto me va a ayudar —dijo Olga.

—Solo sé que las otras chicas pueden sentirse un poco intimidadas —Annie se mordió el labio inferior y miró a su alrededor.

—¿Qué puedo hacer diferente para tener un mejor efecto en mi éxito?—preguntó Olga.

Annie pareció estar genuinamente sorprendida.

—Oh, vaya, de verdad que no lo sé —miró al reloj en la pared—. Ya casi se acaba mi descanso, debería de regresar ahora.

Olga se sentó nuevamente.

—Claro, gracias, Annie. Sólo una última cosa antes de que te retires. ¿Qué consejo me darías si fueras mi jefe?—preguntó Olga.

Annie se movió en su lugar durante unos momentos y luego su rostro se iluminó.

—Más conversaciones como estas. Y nos gusta cuando sonríes, nos hace sentir felices también.

Annie salió apresuradamente de la habitación antes de que Olga pudiera hacerle otra pregunta.

Olga se quedó sentada intentando procesar lo que acababa de escuchar. Cuando comenzó a trabajar en el restaurante, el Sr. Edward la tenía bajo su tutela. Él era un hombre de negocios exitoso que había logrado mucho y era amado por los clientes. El personal no se atrevía a faltarle al respeto o contestarle de mala manera. Olga lo admiraba. A lo largo de los años trabajando ahí, nunca cuestionó la manera en que trabajaba ni como operaban el restaurante. Ella había ascendido, y ahora finalmente estaba dirigiendo el lugar.

Sin embargo, éstas últimas semanas con Eddie, y ahora la conversación con Annie la habían hecho reflexionar. Por primera vez se sintió inquieta e insegura.

¿Era mejor ser amado o temido por el personal? ¿Podrías ser amado y aun así ser respetado? ¿Qué detiene a las personas de aprovecharse de eso? ¿Cuál era el límite? Mientras el restaurante continuaba en movimiento fuera de la desordenada sala de descanso, Olga se quedó completamente sola en su asiento, llena de preguntas a las que no tenía respuesta.

Capítulo 6: ¿Qué sigue?

¿Cómo piensas que te perciben los demás? Lo más probable es que la respuesta no sea lo que crees, o incluso la que deseas escuchar. Más de 1,000 estudios psicológicos han revelado que tendemos a sobreestimar nuestras habilidades en comparación con las de los demás en áreas como salud, habilidades de liderazgo, gramática, entre otras. Esto se conoce como el efecto Dunning-Kruger.

El efecto Dunning-Kruger es el sesgo cognitivo en el que las personas sobreestiman erróneamente sus conocimientos o habilidades en áreas específicas. Esto significa que no somos muy buenos evaluando nuestras propias habilidades, lo que nos lleva a tener puntos ciegos personales y profesionales. Es incluso más difícil que nosotros evaluemos lo que lo demás piensan de nosotros[1]. Por ejemplo:

¿Eres accesible?

¿Tu equipo confía en ti?

¿A los demás les gusta pasar tiempo contigo?

Por lo general, ésta es la parte más intimidante e impactante del programa de Artistas del Cambio. El Paso de Acción de esta semana es diferente a cualquier conversación que hayas tenido antes en el trabajo. Aprenderás cómo te perciben los demás para que puedas trabajar en ser el líder que quieres ser. Los participantes que completan el Paso de Acción de este capítulo se ven transformados por la retroalimentación que reciben. Las personas con las que se relacionan también tendrán una impresión positiva de que son líderes atentos,

---

1 https://ed.ted.com/lessons/why-incompetent-people-think-they-re-amazing-david-dunning

con sentido de crecimiento y abiertos a la retroalimentación. Si estás buscando capacitarte en liderazgo sin retroalimentación, no estás viendo el panorama completo.

> **Opiniones de nuestros participantes**
>
> - *"Al inicio era intimidante, pero cada vez tengo más confianza para pedir y recibir retroalimentación positiva y negativa".*
> - *"Todo lo que puedo decir es: ¡guau! Mis colegas, amigos y familia tienen diferentes percepciones de mí. Estoy utilizando su retroalimentación para mejorar la relación que tengo con ellos".*
> - *"Esto me cambió la vida. Preguntar cómo me perciben me ayudó a descubrir las áreas de oportunidad que necesito mejorar".*

> *Debes empezar a pensar en ti mismo para convertirte en la persona que quieres ser.*
>
> DAVID VISCOTT

CAPÍTULO 7

Establecidendo intenciones

La ajetreada hora del almuerzo había terminado. Eddie había pasado la última hora en silencio, desde una esquina observando trabajar al personal. No le dejaba de impresionar la manera en la que trabajaban juntos de forma impecable, parecía la presentación de una danza cuidadosamente coreografiada que se ejecutaba a alta velocidad en la que rara vez había un resbalón, un tropezón o un titubeo. Al observar al personal, no pudo evitar pensar en sus conversaciones con su padre. Su padre estaba equivocado, el personal sabía exactamente cómo hacer su trabajo. Sólo necesitaba que se confiara más en ellos, que los incluyeran un poco más en la dirección del lugar para que pudieran aprender a tomar sus propias decisiones sin tener la necesidad de comunicárselo todo a sus superiores.

Regresó a la oficina y empezó a leer los mensajes del chat de grupo. Aún podía escuchar en su mente la conversación con su padre:

«Ni siquiera confía en mí, sin importar lo que haga».

«Quiere hacer todo a su manera».

«¿Acaso no se da cuenta de que hay un motivo por el que tanta gente sigue renunciando?»

«Ni siquiera está dispuesto a escuchar».

Eddie despejó su mente e intentó concentrarse en lo que se suponía que debía de estar haciendo. Al revisar los mensajes del grupo leyó los comentarios de Darius:

> **Darius**
> Hablé con Marco. No mentiré, fue raro al inicio, pero en general creo que estuvo bien. Aún no renuncia, así que eso es bueno. Como sea, necesito trabajar en ser más accesible. Quizás debería traer a mi perro al trabajo :-P

Eddie estaba impresionado con la disposición de Darius de salir de su zona de confort. Eso le hizo pensar sobre a quién le iba a pedir retroalimentación e inmediatamente sintió una presión en el pecho por la ansiedad. Sabía exactamente a quién no le querría preguntar cómo era percibido, pero una vez que pensó en ello, no podía dejar de pensarlo. Tan solo pensar en pedirle retroalimentación a su padre, le resultaba abrumador, pero no hacerlo y ser un hipócrita le revolvía el estómago.

Eddie agarró su celular y abrió el contacto de su padre. Se quedó sentado contemplándolo. «Probablemente esté tomando una siesta en este momento», se dijo a sí mismo, por lo que no era un buen momento para llamarle, así que guardó su celular.

¿Y si todo salía mal? Darius tenía razón, preferiría ser torturado físicamente a tener que pasar por esto, y aun así... y aun así...

Eddie agarro su celular, seleccionó el número y mientras sonaba, imploró para que lo mandara directo al buzón de voz.

Su padre contestó al tercer timbre.

—Papá... hola... ¿cómo te sientes?

—Bien, hijo, solo estoy acostado. Eddie respiró profundamente.

—Papá, sé que nuestras conversaciones no siempre han sido fáciles... bueno, en absoluto. Pero estoy comprometido a ser un mejor líder y a que trabajemos mejor juntos. Quería hacerte una pregunta, ¿cómo me percibes como líder? ¿Qué cambio crees que tiene mayor impacto en mi éxito?

Hubo un largo silencio antes de que su papá respondiera.

—Siempre estás lleno de sorpresas, Eddie... —comenzó a decir su padre—. Estoy muy orgulloso de ti, hijo —le dijo—. Constantemente me impresionas con lo que has hecho. Has logrado cosas que yo jamás hubiera sido capaz... pero desearía que fueras más receptivo a mis pensamientos y opiniones. Te molestas mucho cuando hablamos y no escuchas lo que tengo que decir. Parece que ni te importa y ni respetas nada de lo que he hecho.

Había mucho que Eddie quería decir en ese momento, pero se mordió la lengua para evitar discutir. Después de respirar profundamente le agradeció a su papá y le dijo que iba a reflexionar en ello y que volverían a hablar.

Eddie sintió una mezcla de emociones después de terminar la llamada. Se sentía a la defensiva y humillado, pero hizo todo lo posible por aceptarlo todo. Con su experiencia aún fresca en su memoria, Eddie abrió el chat de grupo.

> **Eddie**
> Acabo de tener mi conversación de percepción. Fue difícil. Me tuve que morder la lengua para no interrumpir a la persona... así que estuve en la Zona 2... más o menos. Como sea, tengo que aprender a reaccionar menos y a aceptar más la retroalimentación y las experiencias de los demás... en especial cuando es difícil de asimilar. #mesientohumilde

*

Otro día, otra reunión. Eddie miraba a su alrededor y pudo notar el comienzo de una dinámica diferente en el grupo. Más confianza, más disposición a escuchar y la aceptación de que las reuniones valían la pena (eran parte de su rutina de trabajo), y no una pérdida de tiempo o una distracción que les impedía hacer cosas más importantes.

—Esta mañana, para iniciar la sesión del Foro, le voy a pedir a John que lea nuestro protocolo —anunció Eddie—. Adelante, John.

—Muy bien, compañeros de Foro, estas son las reglas —dijo John y comenzó a leer lo siguiente en voz alta:

- Hablemos sobre nuestras mejores y peores experiencias, nada de cosas triviales.
- Lo que se diga aquí se queda aquí, así que guárdenselo.
- Y, finalmente, guárdense sus consejos. Eddie sonrió.

—Gracias… John. Nunca lo había escuchado de esa manera. Solo voy a agregar que dar consejos está bien si alguien específicamente lo solicita —añadió Eddie.

—Sí… pero rara vez lo hacen —respondió John.

—Buen punto… tienes razón —dijo Eddie riéndose—. Entonces, para comenzar hoy quiero escuchar lo que los llena de energía en el trabajo.

Tiffany estaba ansiosa de iniciar.

—Me gusta asomarme al área de comedor y ver cómo la gente reacciona al probar su comida. Es un privilegio alimentar a las personas… me hace sentir que tengo un propósito —dijo Tiffany con alegría.

Olga se inclinó hacia adelante.

—Me gusta ver a la gente nueva crecer y desarrollarse desde su primer día de trabajo, independientemente de que asciendan a puestos más altos aquí, o terminen trabajando en otros lugares. Muchas veces este es su primer trabajo y amo ser parte de eso.

—Me gusta cuando estamos ganando, cuando todo está yendo perfectamente —dijo Darius.

—He disfrutado conectar más con mi equipo —dijo John.

Mientras escuchaba, Eddie deseaba que su padre estuviera ahí oyendo la conversación, para que escuchara la pasión y el entusiasmo de su equipo de gerencia. Esas eran las palabras de miembros del personal que se enorgullecían genuina y personalmente de hacer bien su trabajo.

—Asombroso... ¿Cómo les fue con el experimento de la semana pasada? Sé que este ejercicio en particular es uno de los más difíciles.

John asintió con la cabeza.

—Me alegra que lo mencionaras, creí que quizás era el único que tenía problemas con ello. Me di cuenta de que las personas se sorprendían cuando les preguntaba. Nadie se lo esperaba.

—Sí, Marco de verdad estaba temblando.—admitió Darius sacudiendo la cabeza.

—Parecía que sólo querían hablar de las cosas buenas —dijo Olga—. Les tuve que insistir un poco para que me dieran retroalimentaciones sinceras. Aprendí mucho sobre lo que no decían. Aparentemente las personas tienen miedo de hablar conmigo. No estoy segura de cómo me siento al respecto —admitió.

—También me dijeron que era difícil hablar conmigo —coincidió Darius—. Y que siempre estoy cambiando de parecer.

—¿Con quién hablaste esta semana, John?—preguntó Eddie.

—Hablé mayormente con los miembros de mi equipo… y también hablé con mi esposa…—dijo John, hablando cada vez más bajo.

Olga percibió algo en su voz y cuidadosamente insistió.

—¿Cómo te fue con eso?

—Pues, fue algo difícil de aceptar. Me dijo que no estaba muy disponible para ellos, que incluso cuando estaba en casa no estaba *realmente* ahí —les contó John.

Escuchar a John hizo a Eddie revivir sus recuerdos de la niñez con su papá.

—Sé lo que quieres decir… me puedo identificar de muchas maneras —admitió.

—¿Eso qué significa para ti, John?—preguntó Tiffany.

—Pues… yo…—John comenzó a hablar y se detuvo rápidamente mirando hacia el piso.

El resto de los miembros del Foro se inclinaron hacia delante. John era un gerente ejemplar, siempre estaba de buen humor, era empleado del mes durante varias veces consecutivas. Era una de esas personas que no podían hacer nada malo; era extraño escuchar que pasaba por algo difícil.

John miró sus manos por un momento y luego levantó la mirada; se encontró con las expresiones amigables de sus colegas.

—De cierta manera no me sorprendió tanto… pero aun así fue difícil de escuchar. Recuerdo haberme sentido igual con mi padre… y juré jamás ser igual a él, y ahora, mírenme…—dijo John.

—¿Cómo quieres ser?—le preguntó Eddie.

—No quiero ser un esposo ausente como mi padre.—contestó John rápidamente.

—¿Entonces cómo quieres ser?—le preguntó Eddie de nuevo.

—Quiero estar presente para quienes significan todo para mí.—confesó John.

—Muy bien, ahora repite la siguiente frase: "Soy un líder que…"—dijo Eddie esperando a que John completara la frase.

John pensó durante unos momentos.

—¿Soy un líder que está presente, solidario y atento con quienes lo rodean?—sugirió.

Eddie sonrió.

—Excelente, ahora dilo de nuevo, pero como si fuera algo que creyeras, no lo digas a manera de pregunta.

—Pero es obvio que no es verdad.—objetó John.

—Tiene razón —añadió Darius levantando su dedo índice—. Demonios, incluso tiene a su esposa como testigo.

Eddie asintió.

—Te entiendo, pero déjame hacerte una pregunta. Cuando vas a hacer un viaje a un lugar que requiera que hagas un largo viaje en auto, o que tomes un vuelo, quizás una escala, ¿les dices a tus amigos que estás *intentando* llegar a tu destino?

—No, les digo a dónde voy a ir —dijo John titubeante, intentando ver cuál era el punto de Eddie con todo esto.

—Sí, pero ¿y si el viaje se interrumpe de manera inesperada? ¿Qué tal si el auto tiene un neumático desinflado o se cancela el vuelo? ¿Te rindes? ¿Regresas a casa?

—Supongo que cualquiera de esas cosas puede pasar, pero aun así voy a llegar allá —respondió John.

—Correcto, porque has decidido hacia dónde te diriges. Bien, ya determinaste hacia dónde vas como persona, decidiste quién quieres ser. Dilo las suficientes veces, con convicción, y llegarás ahí.—los animó Eddie, quien podía ver que Darius le lanzaba una mirada escéptica.

—Créanme, funciona —les aseguró Eddie—. El cerebro no reconoce la diferencia entre la realidad de quién eres y tus propias charlas de quién quieres ser, así que, en ambos casos, el cerebro intenta actuar conforme a ellos. En pocas palabras, si continuamos diciendo algo positivo como si ya fuera real, nuestro cerebro intenta hacer que suceda.

—¿Y qué pasa si constantemente hablamos mal de nosotros mismos en nuestras mentes?—se preguntó Tiffany en voz alta.

—Lo mismo —añadió Eddie—. Al final te convertirás en lo que te dices que eres.

—Entonces es mejor que haga esto bien —se rio John. Eddie asintió.

—Es importante para todos nosotros.

El grupo estuvo intercambiando ideas durante un momento y Eddie los ayudó a identificar y aclarar sus frases. Con la ayuda y reformulación de Eddie, gradualmente fueron capaces de crear su frase personal y hacer que reflejara quién y qué querían ser o hacer.

Eddie se recargó satisfecho en su silla.

—Durante la siguiente semana quiero que escriban esta frase en el chat de grupo todas las mañanas —indicó Eddie.

—¿Y qué hacemos después? —preguntó John.

—John, creo que ya *haces* suficiente —rio Eddie—. Ahora quiero que te enfoques en cómo estás *actuando*.

—Cómo estoy actuando —repitió John asintiendo lentamente, después pausó y ladeó la cabeza—. No tengo idea de lo que me estás hablando.

Todos en la mesa se empezaron a reír.

—Me alegra que también te cuestiones eso —dijo Darius.

Eddie esperó a que todos se dejaran de reír.

—Quiero que se evalúen por *cómo* están *actuando* —explicó—. Y no sólo en lo *que* están haciendo. Es algo difícil de poner en palabras porque se trata de la experiencia de estar consciente de sí mismos en el momento. Si hablamos de hacer, todos lo están haciendo excelente.

Lo que los ha traído hasta aquí, ha sido todo su arduo trabajo. La manera en que se muestran como líderes, es la manera en que actúan, y lo que los llevará al siguiente nivel. Vienen a trabajar todos los días, trabajan arduamente, están cumpliendo. Pero ¿*cómo actúan* cuando se esfuerzan? ¿Están inspirando y llenando de energía a otros o están ocasionando que se desanimen y se vuelvan apáticos? ¿Están alerta o distraídos? ¿Los apoyan, son antipáticos o accesibles? Podrían estar haciendo todo lo correcto y, aun así, el cómo actúen puede tener un impacto negativo en el ambiente, incluso si no es intencional. El liderazgo se trata de estar consciente del tipo de impacto que tienes sobre las personas que te rodean. ¿Tiene sentido?

Uno por uno asintió.

—Quiero que tomen la retroalimentación que recibieron y de ello definan su frase de visión de liderazgo. ¿John, puedes empezar?

Cada uno repitió su visión de liderazgo.

—Soy un líder que está presente —afirmó John

—Soy una líder que es segura —afirmó Tiffany

—Soy una líder que es accesible —afirmó Olga

—Soy un líder que explica las cosas de manera clara y estoy consciente de mi impacto en los demás —afirmó Darius

Eddie sonrió.

—Bien, ahora quiero que regresen con las personas que les dieron retroalimentación y les compartan esto. Díganles que están comprometidos con *ser*. Esto les mostrará que realmente les importa lo que les compartieron y que están actuando conforme a ello.

Darius miró a su alrededor y sonrió.

—Pues, demonios, si les decimos eso, ¡entonces realmente tenemos que hacerlo!

Capítulo 7: ¿Qué sigue?

Establecer la intención es decir claramente lo que quieres experimentar y lograr mediante tus acciones. Esto puede estar relacionado con tu trabajo, vida personal, sueños, pensamientos o lo que tú elijas.

Una intención es una objetivo o propósito, algo que planeemos hacer o lograr, mientras que nuestras acciones son lo que realmente *hacemos.* Pero ¿con qué frecuencia tus acciones se alinean realmente con tus intenciones cuando llega el momento? En este módulo del programa de Artistas del Cambio empezarás a cerrar la brecha entre lo que te proponer hacer y lo que realmente haces. Los psicólogos le llaman a esto, la brecha de intención-comportamiento.

Puede que te estés cuestionando el motivo por el que establecerás intenciones en lugar de metas si son prácticamente lo mismo ¿cierto? No exactamente. Las metas se enfocan en el futuro, es un resultado ideal que deseas obtener. En cambio, las intenciones suceden en el presente y se viven cada día, es independiente de cumplir tus metas. Estudios han demostrado que establecer intenciones específicas incrementa el logro de metas que simplemente establecer metas. El psicólogo Peter Gollwitzer demostró este fenómeno en un estudio en donde solicitó a estudiantes universitarios escribir un ensayo durante las vacaciones de invierno. Tres cuartas partes de los estudiantes que establecieron la intención de escribir el ensayo lo terminaron y entregaron a tiempo, mientras que sólo un tercio que estableció la meta de escribir el ensayo, lo terminó y entregó a tiempo[1].

Las intenciones no tienen por qué limitarse a tu trabajo. Puedes aplicarlas a cualquier área de tu vida y pronto descubrirás que te ayudan a sentir una mayor sensación de plenitud al identificar tu propósito y establecer una intención que te ayude a lograrlo.

Opiniones de nuestros participantes

- *"Me siento inspirado. Me di cuenta de que empezar mi día intencionalmente con una afirmación positiva tiene un impacto favorable durante todo mi día".*
- *"Siento que me estoy volviendo más sabio. Me estoy dando cuenta de cómo antes dejaba que me abrumaran las cosas pequeñas, pero ahora puedo cambiar mi mentalidad para mejorar mi desempeño".*
- *"Mis colegas están notando la diferencia en mí y me doy cuenta de que estoy mejorando mis relaciones al establecer mi intención de ser más paciente y comprensivo".*

---

[1] Wieber F, Thürmer JL, Gollwitzer PM. Promoting the translation of intentions into action by implementation intentions: behavioral effects and physiological correlates. Front Hum Neurosci. 2015 Jul 14;9:395. doi: 10.3389/fnhum.2015.00395. PMID: 26236214; PMCID: PMC4500900.

Para optimizar tu Foto, visita forumsatwork.com y suscríbete para recibir nuestro boletín mensual con las últimas noticias y recursos de forums@work. Además de recibir las últimas actualizaciones sobre nuestros programas de forums@work, recibirás una guía de cortesía para establecer intenciones simplemente por registrarte.

> *No pierdas tiempo en argumentar cómo debería ser un buen hombre; sé uno.*
>
> MARCUS AURELIUS

CAPÍTULO 8

Ser vs. Hacer

Mensaje de texto:

Olga
Eddie... ¿podemos hablar?

Eddie
Claro... ¿qué pasa?

Olga
Es importante, ¿cuándo nos podemos reunir?

Eddie
Voy al restaurante en una hora.

Olga
De acuerdo.

«¿Podemos hablar?» Las dos palabras que logran que cualquiera entre en pánico, más aún cuando provienen de la persona que dirige la operación. Mientras los limpiaparabrisas del auto se movían de un lado a otro, la mente de Eddie daba vueltas a las posibles situaciones que pudieran estar aconteciendo mientras manejaba hacia el restaurante. La ciudad estaba congestionada como de costumbre con los autobuses, los camiones y automóviles que luchaban por el espacio, además de la fuerte lluvia que empeoraba la situación.

«¿Recibimos otra queja?» se cuestionó Eddie. *«¿Olga finalmente tuvo suficiente y planea renunciar?»* se estremeció al pensarlo. *«¿Qué iba a hacer si Olga se iba?*

¿Tomar el puesto de Gerente General? ¿Qué iba a decir su padre? Primero la inspección de salud y seguridad casi clausura la tienda y ¿ahora su mejor gerente renuncia después de 25 años? Se acabaron los planes para crear un lugar de trabajo en armonía.

Cuando Eddie entró al restaurante, estaba lleno de personas y solo había unas pocas mesas disponibles. En medio del caos y el cambio detrás de bambalinas, el negocio estaba teniendo éxito.

Eddie se sentó en una mesa de la esquina y se tomó unos minutos para apreciar todo. Se maravilló por cómo Olga atendía a los comensales y dirigía al personal mientras lograba mantenerse en calma.

«El gerente de un restaurante realmente es como el director de una orquesta.», pensó Eddie.

Olga miró a Eddie y se apresuró a su mesa. Siendo alguien que no disfrutaba de conversaciones triviales fue directo al punto.

—Gracias por venir Eddie. Estoy preocupada por Darius.

Eddie soltó un suspiro de alivio, *«¡Olga no va a renunciar!»*. Después trató de verse igual de preocupado.

—Cuéntame qué sucede —le contestó Eddie.

—No está actuando como él mismo —empezó Olga—. Ha estado inusualmente callado y no ha hablado o interactuado mucho con el resto del equipo de gerencia. Le he preguntado cómo está y me responde con un *«todo bien»*. Esa actitud la noto usualmente en personas que se están preparando para renunciar. No tenemos a nadie que esté listo para reemplazarlo.

Eddie pensó por un momento.

—Veamos si podemos descubrir lo que le pasa en nuestra reunión del Foro mañana —sugirió—. Pase lo que pase, necesitamos tener un programa de capacitación en múltiples áreas para cubrir todas nuestras bases. Siempre debemos contar con personal capacitado para todos los puestos.

Olga asintió.

—Gracias —se puso de pie y se acomodó la falda—. ¿Estás listo?

Eddie miró su reloj. Diez para las 12. El Sr. Abrahams llegaría a medio día para la segunda inspección.

—Tú dime.

Olga inspeccionó con la mirada el restaurante. A simple vista ciertamente parecía que todo estaba yendo bien, ¿pero y si se fijaba en los detalles? ¿Qué había sobre las grietas y fisuras en las que el Sr. Abrahams se iba a fijar, o las áreas escondidas en las que iba a husmear?

—Hicimos todo lo que pudimos —le dijo Olga—. Esperemos que sea suficiente.

Eddie recibió amablemente al Sr. Abrahams, quien lo recibió con la misma expresión estoica de antes. Incluso con las promesas tranquilizadoras de Olga, Eddie no pudo evitar sentirse nervioso mientras los seguía por el restaurante, intentando desesperadamente descifrar al Sr. Abrahams. ¿Se miraba más relajado que antes?

¿Acaso mostraba una ligera sonrisa? ¿Estaba sujetando el portapapeles con un poco menos de fuerza?

Esta segunda inspección pareció durar más que la primera, especialmente sabiendo que el futuro entero del negocio pendía de un hilo. Sin embargo, eventualmente terminó y una vez más se encontraban apretados en la pequeña oficina de Olga.

El Sr. Abrahams no tenía prisa y se tomó varios minutos para revisar todas sus notas antes de levantar la mirada.

Eddie se dio cuenta de que estaba conteniendo la respiración mientras esperaba el veredicto.

—Tengo que decir....—inició el Sr. Abrahams—. que estuvieron mucho mejor. Eddie tomó una bocanada de aire. El negocio continuaría abierto.

El Sr. Abrahams se inclinó hacia delante y le entregó sus notas a Olga.

—Atendieron todas las áreas pendientes y me di cuenta de que casi todo se miraba mejor que la última vez —finalmente sonrió, era una expresión que se miraba tan inusual en su rostro usualmente estoico—. Incluso diría que es la mejor versión que he visto de este lugar —firmó sus notas y le proporcionó a Olga una copia del informe—. No sé qué es lo que están haciendo aquí, pero sea lo que sea, está funcionando.

*

Cuando Eddie entró a la sala de descanso la mañana siguiente, Darius ya estaba sentado en la mesa. Eddie tuvo que mirar dos veces. A pesar de que Darius nunca llegaba tarde a las reuniones, tampoco había sido el primero en llegar. El resto del grupo entró después de Eddie. Tiffany inició leyendo los protocolos del Foro en voz alta.

—Este es nuestro foro y nuestro lugar seguro —dijo Tiffany—. Se quedará entre nosotros todo lo que hablemos y retémonos a hablar de lo bueno, lo malo y lo feo. Veamos si podemos ir más allá del cinco por ciento mejor y peor, ¡e incluso el cuatro por ciento mejor y peor!

Darius comenzó a levantar la mano, pero la bajó en seguida.

Eddie y Olga se miraron entre sí por un momento y luego dirigieron la mirada hacia Darius.

Darius se frotó las manos sobre la cara y levantó la vista.

—De todas las cosas que hemos hecho, esta ha sido la más incómoda hasta ahora —admitió—. Escuché decir de las personas que me rodean que no soy una persona accesible y que no explico bien las cosas, ¿y ahora me digo lo contrario? No lo sé…

John asintió.

—Te entiendo —le dijo a Darius—. Me sentí de la misma manera. Mi frase fue: "Soy un líder que es atento a las necesidades de quienes me rodean. Decirlo, o incluso escribirlo se sintió como una farsa. Hace unas noches estaba trabajando en el garaje cuando mi esposa regresó a casa. Me di cuenta de que no estaba de buen humor, y cuando le pregunté que cómo estaba, solo me contestó que «bien», pero sentí que algo estaba pasando —les compartió John.

—¡Buena manera de estar en la Zona 3, John! —exclamó Tiffany. John sonrió brevemente.

—Gracias… Muchas veces he logrado arruinar todo, es bueno darse cuenta de algo para variar. Como sea, sabía que no iba a ayudar si le insistía e intentaba hacer que ella hablara, ya he pasado muchas veces por esa situación. Así que estuve al pendiente de ella por el resto del día. Me quedaba casualmente cerca de ella, o intervenía y la ayudaba con lo que estaba haciendo y le decía cuánto la amaba. Al final de la noche ella estaba de un ánimo completamente diferente.—admitió John, sonando sorprendido por lo que había contado.

—¿Entonces qué aprendiste sobre esto, John?—le preguntó Eddie. John se rascó la barba.

—Decirme esas pocas palabras durante la mañana me mantuvo enfocado durante el resto del día. Al inicio no sabía cómo lo iba a cumplir realmente… para ser ese tipo de líder. Pero, de algún modo, en el momento indicado, simplemente supe lo que tenía que hacer.—dijo John.

—Opino lo mismo —dijo Olga—. Mi frase fue: "Soy una líder que es accesible." Me di cuenta de que las personas se han acercado a mí para preguntarme o decirme cosas de manera más frecuente que antes. No es un gran cambio, pero me di cuenta de la diferencia.

—¿Por qué crees que eso es importante?—se cuestionó Darius en voz alta. Eddie miró a su alrededor.

—¿Alguien?

—Pues, de otro modo, tienen miedo de preguntar, por lo que terminan haciendo mal las cosas… o simplemente no saben qué hacer y se estresan… lo que propicia a que las personas terminen renunciando.—le explicó Olga.

—Tener claro cómo queríamos ser y llevarlo a la práctica ha marcado una diferencia —dijo John con firmeza—. Simplemente está funcionando.

—No toma mucho esfuerzo cambiar el ánimo y el ambiente del restaurante… o supongo que de cualquier lugar —añadió Olga—. El solo sentirte diferente hace que los demás actúen diferente, incluso si solo sonríes más. Nunca me di cuenta sobre qué tanto mi estado de ánimo afectaba a los demás, da un poco de miedo —sonrió brevemente Olga antes de volver a su usual expresión seria.

—¿Cuál es la diferencia entre lo que *hacemos* y cómo *somos*?—preguntó Tiffany. Darius exhaló fuertemente.

—Eso ya ni siquiera suena como español… me refiero a la diferencia entre lo que *hacemos* y cómo *somos* —reiteró.

—Hacer se refiere a todas las cosas automáticas que realizamos a diario —respondió Olga—. Limpiamos, servimos a los comensales, preparamos comida. Ser se refiere a *cómo* hacemos esas cosas. Podemos limpiar prestando atención, o limpiar sin darle importancia.

Podemos servirles a los comensales amablemente y hacer una conexión o ser desatentos y pasar de largo. En ambos casos le servimos al comensal, pero al final son dos experiencias muy diferentes para todos los involucrados, ¿cierto?—miró a Eddie en busca de aprobación.

Eddie asintió.

—Exacto. Así que piensen sobre sus frases de visión, ¿cómo has sido, John?

—Traté de estar presente y alerta —respondió John rápidamente.

—¿Y qué sería lo contrario a eso?

—¿Distraído? O el resumen de los últimos 15 años de mi vida —dijo John con una risa nerviosa.

Olga intervino.

—Estaba *siendo* abierta y accesible.

—¿Ser abierta y accesible requirió que hicieras un esfuerzo físico?

—No… no realmente. No tuve que hacer nada. Supongo que sólo estaba actuando. Bueno, no actuando, pero estaba siendo consciente de ello y eso hizo una diferencia —respondió Olga.

—¿Qué se necesita para ser consciente?—preguntó Eddie.

—¿Recordar?—sugirió Olga.

—Estaba *siendo* segura de mí misma —intervino Tiffany—. Ni siquiera pensé que sabía *cómo* ser segura de mí misma… pero de alguna manera esta semana simplemente me empecé a sentir así —una vez que empezó, las palabras le fluían—. Honestamente ni siquiera me había dado cuenta hasta que lo mencioné ahora mismo. Esta semana me di cuenta de que hubo momentos en lo que estaba siento tímida e insegura en algunas situaciones. Me puse a pensar, «¿por qué estoy siendo así?» Durante mucho tiempo, bueno, parece que, durante toda mi vida, siempre me sentí como si no tuviera mucho que ofrecer y como si siempre necesitara mejorar. Siempre sentí que tenía que trabajar más duro, aprender más, hacer más, hacer las cosas mejor. Simplemente, al elegir tener confianza en mí misma, me permití compartir lo que realmente pienso y me mostré de manera diferente —se acomodó en su asiento con una sonrisa en su rostro.—Soy suficiente. Tengo mucho que ofrecer y lo que tengo que decir importa.

Olga sonrió y asintió confirmándolo.

—También me di cuenta de eso.

—Hablando de darse cuenta —volteó Eddie a ver Darius—. Fuiste muy consistente al escribir tu frase en el chat de grupo todos los días. ¿De qué te diste cuenta cuando hiciste eso?

Darius dejó de juguetear con sus dedos, se aclaró la garganta y se enderezó.

—No voy a mentir, fue algo raro al inicio. Verán, mi frase era que soy un líder que explica las cosas claramente, así que mientras capacitaba al chico nuevo, Andrew, pensé en cómo le estaba dando las instrucciones. Me hizo reflexionar que mucho de lo que conozco es debido a mi experiencia y tiempo aquí. Pero cuando se trata de capacitar… He estado explicando las cosas a las personas como si tuvieran la misma experiencia que yo —Darius se frotó la barbilla y respiró profundamente—. Durante mucho tiempo he estado buscando a gente que siga instrucciones, que trabaje igual de rápido que yo, que sea disciplinado. Me he estado quejando sobre todo y todos. Y sé el motivo por el que hemos tenido muchos reemplazos de personal entre los mozos de mi área. Es obvio ahora.

Los ojos de John se centraron en Darius y en el rumbo al que se dirigía todo esto.

—Me he dado cuenta de cómo han respondido mis chicos a estos pequeños experimentos que hemos estado haciendo, y aunque odie admitirlo, mi forma de ser tiene un impacto en los demás. Tienen la disposición de hacer cosas de manera más natural… sin dedicar tanto esfuerzo de mi parte. Esto va a sonar loco o lo que sea, pero es casi como si mi equipo ha estado reflejando el cómo me siento. Da un poco de miedo. No soy bueno manteniéndolo así… sigo volviendo a mis viejos hábitos —Darius miró a su alrededor mientras terminaba de hablar—. Al menos, esa es mi experiencia.

—¿Y qué pasa cuando te das cuenta de eso? ¿Qué te dice la voz en tu cabeza?— lo presionó Eddie.

—Que me sigo equivocando. Es demasiado FRUSTRANTE —dijo Darius entre dientes—. Sigo volviendo a mis viejos hábitos, doy un paso adelante y retrocedo dos.

—¿Y si cada vez que te das cuenta de eso lo reconoces con esa consciencia neutral de la que hemos hablado? ¿Y si te muestro un pequeño truco que te ayudará con esto? Podrá parecer un poco raro, pero va a funcionar.

Darius sonrió.

—¡Sé que me lo vas a enseñar me guste o no! Además, todo lo que hemos hecho hasta ahora ha sido bastante raro… así que ¿por qué detenernos ahora?—dijo Darius, haciéndole una seña a Eddie para que continuara.

—Durante la siguiente semana cuando surja una emoción quiero que la saluden. Por ejemplo, si se sienten impacientes, quiero que lo reconozcan y le digan «hola, impaciencia».

—Tienes razón, esto es muy raro.—confirmó Darius sacudiendo la cabeza.

—¿Quieres que digamos eso… en voz alta?—preguntó John con incredulidad.

—Inicia diciéndolo en tu mente, o susurrándolo. Por ejemplo, Tiffany, ¿alguna vez tus hijos se han tomado bastante tiempo alistándose durante las mañanas?—le preguntó Eddie.

—Más bien cuándo *no* lo hacen —dijo Tiffany sacudiendo la cabeza.

—¿Eso cómo te hace sentir?

—Frustrada, exasperada… homicida…—afirmó Tiffany con una sonrisa.

—En esa situación, ¿qué saludarías?—preguntó Eddie.

—Qué tal a un psiquiatra —murmuró Darius en voz baja mirando fijamente a la mesa.

—¿Qué tal: hola, frustración y exasperación?—preguntó Tiffany.

—Exacto.

—¿Por qué las saludamos?—desafió Darius.

—Para recordarnos que no somos lo que sentimos —explicó Eddie—. Cuando sientes una emoción fuerte, al reconocerla, la vemos por lo que es, un sentimiento pasajero. Es mejor para ustedes experimentarlo por sí mismos sin pensar mucho sobre eso. Como cualquier otra cosa, puede sonar un poco extraño al inicio, por lo que quiero que lo intenten esta semana y compartan en el chat de grupo cuáles son las emociones que están saludando.

Darius se acomodó en su asiento.

—¿Ya terminamos? ¡Porque realmente tengo que saludar a mi primera emoción!

Chat de grupo de esa tarde:

> **John**
> Hola, agotamiento… ¡Ha sido un largo día! 😓
>
> **Olga**
> Hola, dolor.
>
> **Darius**
> Hola, indigestión causada por exceso de nachos y queso.
>
> **Tiffany**
> Hola, Departamento de Protección a Menores, por favor llévense a mis hijos.
>
> **Eddie**
> Hola, entusiasmo. ¡Amo escucharlos poner en práctica el experimento!

Capítulo 8: ¿Qué sigue?

Es común sentir que nuestras emociones son algo que nos suceden y que hay poco que podamos hacer sobre eso. ¿Y si, en lugar de eso pudieras detenerte y reconocer y tomar conciencia de tu enojo, ansiedad o miedo antes de sentirte agobiado y reaccionar simplemente a estas emociones? Imagina que puedes experimentar momentos de alegría, asombro y gratitud con más frecuencia. Esta habilidad surge cuando desarrollas tu inteligencia emocional.

La inteligencia emocional es "la capacidad de identificar, comprender y responder ante las emociones de uno mismo de una manera saludable.[1]" ¡Un estudio realizado con 132 adultos reveló que aquellos que recibieron capacitación sobre inteligencia emocional y aprendieron a regular sus emociones, experimentaron menos estrés y tuvieron menores problemas de salud física en los meses e incluso años posteriores[2]! El estudio sugiere que los adultos pueden aprender y practicar una mejor inteligencia emocional y, al hacerlo, experimentan una mejora considerable en su bienestar general y sus relaciones.

Este módulo del programa de Artistas del Cambio te enseña a identificar y afrontar tus emociones sin ser víctima de ellas. Con una mayor conciencia de tus emociones, pronto serás capaz de reconocer y responder ante el enojo antes de

---

1 https://eclkc.ohs.acf.hhs.gov/mental-health/article/fostering-emotional-literacy-young-children-labeling-emotions
2 Kotsou I, Nelis D, Grégoire J, Mikolajczak M. Emotional plasticity: conditions and effects of improving emotional competence in adulthood. J Appl Psychol. 2011 Jul;96(4):827-39. doi: 10.1037/a0023047. PMID: 21443316.

dejar que te consuma. Asimismo, disfrutarás más momentos de alegría y deleite conforme vayan sucediendo.

Opiniones de nuestros participantes

- *"Estoy descubriendo que, con este simple truco, tengo poder sobre mis propios pensamientos y sentimientos".*
- *"Me he sentido muy bien. Me doy cuenta de que tengo más control sobre mis emociones y sobre cómo me siento en comparación de lo que creía".*
- *"¡Me encanta esta lección! Pude compartirla con mis hijos y ahora estamos mejorando al responder y compartir cómo nos sentimos".*

> *Existen dos cosas que las personas desean más que el sexo y el dinero: reconocimiento y elogios.*
>
> MARY KAY ASH

CAPÍTULO 9

Elogiando a los demás y a nosotros mismos

Eddie se quedó sentado en su auto por un momento contemplando la casa de sus padres. No había pasado mucho tiempo desde que regresó, pero ya le temía a cada visita que le hacía a su padre. Al menos tenía buenas noticias sobre la inspección para calmarlo. No lo podía postergar más. Eddie abrió la puerta del auto y se dirigió hacia la casa.

—Tu padre está ahí —le dijo su madre señalando el estudio—. Les llevaré un café a los dos.

Eddie encontró a su padre leyendo detenidamente la sección de negocios del *New York Times*.

—Las acciones están a la baja —refunfuñó su padre mientras Eddie se sentaba a su lado.

—Como si tuvieras acciones —se rio Eddie.

—Tengo algunas —su padre bajó el periódico—. ¿Entonces cuál es el desastre más reciente?

Eddie buscó en su maletín y sacó la copia de la inspección para dársela a su padre, quien rápidamente le dio un vistazo y se echó a reír.

—Eso es tener suerte.

—¿Tener suerte? Todos trabajaron mucho para obtener esto —dijo Eddie rápidamente.

Su padre parecía no estar impresionado.

La madre de Eddie entró a la habitación y colocó las tazas de café sobre el escritorio.

—¿Hoy se están portando bien, chicos? —les preguntó.

—Claro —le respondió Eddie.

—Siempre —añadió el Sr. Edward levantando su café y soplándole para que se enfriara—. Cuéntame sobre nuestras ventas… ¿cómo nos está yendo?

—Nuestra comparación anual subió —respondió Eddie.

—¿Y los costos de mano de obra? Te apuesto que se vieron afectados con todas tus reuniones y tonterías.

Eddie se encontró con la feroz mirada de su padre.

—Bajó el tres punto cinco por ciento.

—¿Y siguen teniendo esas reuniones?

—Te dije que lo haría.

—¡Y yo te dije que no lo hicieras!—su padre azotó la taza de café con tanta fuerza que se derramó sobre el escritorio y su mano. Colocó su pulgar en su boca y miró fúrico a su hijo—. Es mi negocio y muy pronto voy a regresar. ¡No quiero que cambies todo y lo arruines antes de que regrese!

Eddie intentó morderse la lengua, pero no pudo evitar morder el anzuelo.

—¿Arruinarlo? ¿Qué parte de que las ventas subieron, los costos de mano de obra bajaron y que obtuvimos la mayor calificación en la inspección es arruinarlo todo?

—Sabes a lo que me refiero, jugar con la mente de las personas con todas esas cosas de administración de empresas y todas esas reuniones cursis. ¡Las personas hablan sobre sus sentimientos en lugar de hacer sus malditos trabajos!

Eddie se puso de pie.

—¿Sabes, papá? Creo que estás celoso. Los cambios que he implementado están funcionando, y no toleras la idea de que puede que haya una manera diferente y mejor de la que has estado haciendo.—caminó hacia la puerta y miró hacia atrás—. Te estoy haciendo un favor. Deberías ser un poco más agradecido, ¿no crees? Eddie salió fúrico del estudio y casi chocó con su madre en el pasillo.

—¿Qué pasa?

—Pregúntale a él —masculló Eddie al pasarle por un lado y salir de la casa. Eddie aún podía escuchar el fuerte sonido de la puerta cerrándose mientras le quitaba el seguro a su carro. Agarró la manija, abrió la puerta y se detuvo.

Eddie había expuesto su opinión, claro. Le había mostrado a su padre que no lo podía controlar. ¿Pero exactamente qué había logrado?

¿Cómo ayudaría eso a largo plazo, en la meta final de conseguir que su papá regresara y todo en el restaurante estuviera funcionando sin problemas? En nada.

—¡Rayos!—masculló Eddie mientras caminaba de vuelta a la casa.

Si su mamá estaba sorprendida de verlo de regreso tan pronto, no lo demostró. Solo abrió la puerta y lo miro regresar al estudio de su papá.

—Eso no era lo que quería decir —dijo Eddie rápidamente antes de que su padre pudiera ordenar sus pensamientos y respiró profundamente—. Lo entiendo, papá —le dijo—. Es aterrador cuando alguien tiene ideas diferentes, maneras diferentes de hacer las cosas… especialmente cuando parecen estar funcionando. Te hace sentir vulnerable, incluso como si no te quisieran —dijo Eddie apresuradamente—. Pero si he aprendido algo de trabajar con tantas empresas diferentes a lo largo de los años, es que los mejores jefes son los que se sientan y observan para saber cuándo involucrarse y apoyar. Dejan que sus empleados trabajen y consideran que su papel es ayudarles a hacer su trabajo, no hacerlo todo ellos.

Eddie finalmente se calmó y miró a su padre. Por primera vez se dio cuenta cuán mayor se miraba su papá; mayor y derrotado.

El señor miró a Eddie.

—Gracias, hijo —le dijo suavemente.

*

Todos se sentaron en la mesa listos para comenzar, igual que un grupo de comensales hambrientos esperando su comida.

Eddie le pidió a Darius decir los protocolos del Foro. Darius asintió.

—Muy bien, todos, seamos honestos. Ya sea muy bien, o muy mal, pero de cualquier manera se queda aquí, nada de contarle a alguien lo que compartamos.

—Eso funciona —dijo Eddie con una sonrisa—. Actualicémonos un poco. ¿Qué les llamó la atención de la semana pasada que quieran compartir?

Tiffany apenas lo dejó terminar cuando empezó a participar. Estaba emocionada por compartir.

—Mis suegros me visitaron el domingo y NO dejaban de decir indirectas sobre la manera en la que estábamos criando a nuestros hijos. No les voy a mentir, estaba al borde de un ataque de pánico. Luego puse en práctica nuestra herramienta, dije: "Hola, ansiedad". Y me ayudó. Digo, estuvieron en la casa *todo el día*, ¡así que tuve que decirlo como 200 veces!

Eddie asintió.

—Gracias por compartir, Tiffany. Es bueno que te ayudara. Recientemente pasé por una situación que también me hizo sentir bastante ansioso —admitió—. Le dije hola a sentirme ignorado y no valorado —Eddie miró a su alrededor agitando el café en su taza—. ¿Alguien más?

—Conozco ese sentimiento… en especial cuando proviene de alguien que es cercano a nosotros —dijo Olga.

El rostro de John mostraba confusión.

—¿De verdad, Eddie? Alguien como tú y con todo lo que has cumplido… No creí que lo necesitaras —opinó John.

—Pues, has hecho un trabajo decente hasta ahora —añadió Darius.

—Gracias… Darius.—Eddie no pudo ocultar su sorpresa.

—Es verdad —continuó Darius—. Quiero decir, no nos han clausurado y nadie se ha ido en semanas. Marco incluso dijo que le gustó cerrar conmigo el otro día. Es algo extraño y todo, pero algo debe estar funcionando.

—Esa es una excelente retroalimentación. No importa quien lo haga, ser elogiado y reconocido siempre se siente bien —les dijo Eddie.

—Es verdad —coincidió Olga—. Mi abuela me dijo que estaba orgullosa de mí antes de fallecer. Mi Nana me compartió que estaba impresionada por cómo había criado a mis hijas y la manera en la que enfrenté mi divorcio siendo positiva y fuerte. Nunca había escuchado que dijera algo así sobre nadie.

—¿Qué hubiera pasado si no te lo hubiera compartido?— preguntó Eddie.

—Nunca hubiera sabido —admitió Olga—. Fue un momento muy difícil. Me sentí responsable y culpable de que mi matrimonio fallara.

—¿A quién le quisieras expresar tu gratitud? Elige una persona a quien aún no se la expresas —preguntó Eddie.

—Definitivamente a nuestra capitana de meseras, Annie —continuó Olga—. Es muy constante y tan confiable y eso hace una gran diferencia para mí. Cuando está cerca, ayuda a cambiar el ambiente en toda el área.

—¿Crees que lo sepa?—preguntó Eddie.

—No lo sé… ¿quizás?—Olga hizo una pausa—. De hecho, probablemente no. Me siento mal al decir esto, pero es como si solo lo esperara. Supongo que no digo nada porque no quiero que se le suba a la cabeza. Aquí entre nos, estaría devastada si ella se fuera mañana.

—Pienso lo mismo con mi mano derecha —dijo Darius—. El chico es muy bueno. Eddie miró a su alrededor.

—Realmente no es tan poco común, ¿saben? No es que lo justifique, pero, levanten la mano quien pueda pensar en alguien en su vida a quien realmente valoran pero que no se lo han dicho desde hace mucho.

Todos levantaron la mano, incluso Eddie. Eddie mantuvo su mano arriba después de que todos la bajaran.

—El sólo hablar de esto me recuerda qué es lo que me hace falta. Puede que les esté presentado todo esto, pero no soy un experto. Este es un proceso sin fin. No digo esto para hacerlos sentir mejor, sólo lo hago para ser sincero con ustedes.

—¿Pero esto no nos hace parecer forzados y falsos? ¿Como si estuviéramos tachando casillas al hacer este ejercicio?—preguntó Olga.

—No si te sale de corazón y es específico y concreto. No solo "estás haciendo un buen trabajo", sino "estoy impresionado por como haces esto o aquello.

John casi levantó la mano, pero la bajó de inmediato.

—No lo sé, chicos, pero cuando la gente me hace un cumplido, a veces dudo de lo que están diciendo, como si no les creyera por completo. ¿Es eso raro o qué?

Los ojos de Tiffany se abrieron de par en par.

—¡Yo también! Siento como si las personas solo dicen cosas para ser amables o algo. No les creo del todo —su voz fue perdiendo intensidad—. Pensé que solo era yo.

John asintió con la cabeza.

—¿Supongo que esa es la parte buena de ser específico y concreto? Para saber si alguien no solo está intentando decirte lo que quieres escuchar.

—¡Exacto!—Eddie intervino—. En eso quiero que se enfoquen esta semana. Salgamos y digámosles a las personas lo que están haciendo bien. La fórmula para reconocer a las personas es sencilla: sean específicos, díganles cómo causan un impacto con lo que hacen, e inicien con las palabras: "tú eres".

—¡Elogien a todos!—exclamó John con un tono de canto evangélico.

—Eventualmente, pero primero intentémoslo aquí. Quiero que reconozcan algo específico sobre los demás en esta mesa.

—Oh, Dios…—susurró Tiffany para sí.

—¡Un voluntario!—Eddie exclamó y señaló a Tiffany. Tiffany se sonrojó.

—No pretendía ser la primera —dijo rápidamente—. Pero ahí voy. Olga, eres muy buena para capacitar. Las primeras semanas que pasaste conmigo cuando inicié aquí hicieron una gran diferencia. Estaba muy estresada. Probablemente hubiera renunciado de no haber sido por ti.

—Guau, de verdad no parecía que estuvieras estresada —le dijo Olga—. Tú también me inspiras. Es divertido trabajar con alguien que esté tan emocionada por aprender y hacer bien las cosas.

—Excelente. Olga, sigues tu... —la señaló Eddie.

Olga volteó a ver a Darius directo a los ojos.

—Darius, has estado muy comprometido con los miembros de tu equipo. Tuvimos una calificación excelente en la última inspección de salud y seguridad, y una gran parte de eso es debido a tu liderazgo.

Todos asintieron.

Darius frunció el ceño.

—Gracias, pero no siento que haya progresado mucho. Supongo que nadie ha salido furioso en estas últimas semanas, así que eso es bueno.

Darius volteó a ver a John.

—Creo que sigo yo, John. Todo bien contigo. Sé que incluso cuando he sido un verdadero cretino en el pasado, siempre has sido tranquilo y relajado. Has sido un excelente mentor.

—¿Solo en el pasado? —preguntó John riéndose—. La paciencia es una nueva virtud en la que estoy trabajando. Me has servido de práctica —dijo guiñando un ojo—. Veo mucho de mí en ti. Yo solía ser igual de cabeza dura. Lo estás haciendo bien.

John se volteó a ver a Eddie y pensó durante unos momentos antes de hablar.

—Honestamente pensé que todo esto era ridículo cuando recién llegaste. Quizás aún lo pienso en ocasiones. Pero las cosas están empezando a sentirse diferente, en especial en mi casa. Mi esposa y yo no nos habíamos llevado tan bien desde... bueno, desde hace mucho. Te aprecio Eddie, por ayudarnos, por todo.

Eddie sintió un escalofrío recorrer su espalda. Estaba aquí para ayudar a su familia, no había esperado tener un impacto en la familia de los demás. Recordó su infancia, cuando su padre regresaba cansado a casa, estresado e inaccesible. Había deseado que alguien trabajara con su papá en algo como esto. Eddie logró sonreír a medias y asintió mientras respiraba profundamente.

—Gracias —fue todo lo que Eddie pudo decir.

Mientras el equipo salía de la habitación, Olga se detuvo en la puerta.

—Hay una cosa más que recordé sobre mi abuela —empezó.

Eddie metió su cuaderno a su maletín y levantó la mirada para ver a Olga.

—Fue en sus últimos momentos que mi abuela me dijo cuán orgullosa estaba de mí. Durante mucho tiempo me quedé pensando, «*¿Durante cuánto tiempo se habrá sentido así? ¿Y si no hubiera dicho nada? ¿Durante cuánto tiempo hubiera seguido buscando su aprobación?*» Me di cuenta de que el mejor obsequio que me podía dar era su reconocimiento, incluso si aquellas personas cercanas y queridas para mí no lo hacían… o por sus propios motivos no podían hacerlo.

Después de que Olga salió de la habitación, Eddie no pudo contener más las lágrimas y las dejó fluir.

Capítulo 9: ¿Qué sigue?

Recuerda un momento en el que hayas recibido un elogio. ¿Cómo te sentiste? Muy bien, ¿cierto?

Ya establecimos que el reconocimiento y agradecimiento puede aumentar el desempeño y la retención de los empleados (Capítulo 5: Definiendo el liderazgo). Asimismo, la retroalimentación positiva específica y concreta contribuye al sentido de identidad de la otra persona y refuerza los comportamientos que estamos elogiando.

La encuesta de *WorkTrends* de IBM realizada a más de 19,000 trabajadores de 26 países, demostró que los empleados que recibían reconocimiento estaban tres veces más comprometidos con el trabajo que aquellos que no lo recibían. La misma encuesta reveló que los empleados que reciben regularmente retroalimentación positiva son menos propensos a renunciar. Tanto los directivos, como los miembros del equipo pueden utilizar la retroalimentación positiva para inspirar a sus equipos[1].

En este módulo del programa de Artistas del Cambio, los participantes aprenderán una guía específica para dar elogios y compartirán su retroalimentación positiva con miembros de su Foro. Esta es una de las reuniones del Foro más poderosas y conmovedoras. Tu equipo se irá lleno de energía y motivado. Además, comenzará a compartir esa energía positiva con el resto de tu organización.

---

1 https://hbr.org/2016/10/give-your-team-more-effective-positive-feedback

Opiniones de nuestros participantes

- *"Esto es revolucionario. Me di cuenta de que puedo motivar a mi equipo dándoles una retroalimentación positiva por lo que hacen bien".*
- *"Estoy impresionado; Se crean conversaciones y cosas buenas cuando comparto con ellos mi apreciación por los demás".*
- *"Esta lección se sintió como un momento «¡eureka!». Elogiar es fácil de hacer y ha tenido un gran impacto en mi equipo".*

Contáctanos en community@forumsatwork.com para tener acceso exclusivo a un video de estudio de caso sobre cómo los elogios transformaron la relación entre director general y su asesor interno.

> *El mejor cumplido que me han hecho fue cuando me preguntaron lo que pensaba y le prestaron atención a mi respuesta.*
>
> HENRY DAVID THOREAU

CAPÍTULO 10

Liderar con preguntas

Cuando Eddie llegó al restaurante la tarde siguiente, se sorprendió y al mismo tiempo se sintió angustiado al ver a su padre sentado en una mesa de la esquina tomando café y observando todo.

Eddie titubeó un momento antes de dirigirse hasta donde estaba su padre.

—Hola, papá, ¿cómo estás?—preguntó y se sentó a su lado.

—Fui al doctor esta mañana —le comentó su padre—. Me dijo que estoy listo para empezar a salir un poco, así que aquí estoy —miró a su alrededor—. Para ser honesto, se siente un poco raro estar aquí después de tanto tiempo.

Eddie se mantuvo en silencio y miró a su alrededor. Después de algunos meses ya estaba acostumbrado al ritmo del restaurante y podía darse cuenta a simple vista si las cosas estaban yendo bien o si todo estaba al borde del colapso. Justo en ese momento todo estaba yendo bien.

Su padre asintió con la cabeza.

—Parece que todo va bien —dijo finalmente. Eddie asintió.

—Sí, lo está.

El Sr. Edward se reclinó hacia delante y colocó su mano sobre el brazo de su hijo.

—Tengo que admitir que no estaba seguro sobre todas esas reuniones y cosas que estabas haciendo.

—No lo había notado.

—Pero, ya viendo el lugar, hablando con el personal... —hizo una pausa, esforzándose por expresar sus sentimientos—. Las personas están felices y las ventas son buenas —le dio unas ligeras palmadas al brazo—. Haz hecho un buen trabajo, hijo.

Eddie se recargó sobre el respaldo de su asiento y se permitió disfrutar del cumplido en silencio durante unos momentos. Le había tomado treinta y siete años que su padre al fin lo reconociera y elogiara, y se sentía realmente bien.

—Gracias, papá —dijo finalmente.

El Sr. Edward echó un vistazo al restaurante una última vez y se puso de pie lentamente. Eddie no pudo evitar notar con cuánta dificultad se movía.

—Creo que ya me iré a casa —le dijo su padre—. Parece que tienes todo bajo control.

Eddie repitió esas palabras en su mente pocos minutos más tarde a medida que escuchaba la voz de un comensal gritando desde el otro lado de la habitación.

—He esperado durante quince minutos mi sándwich de queso a la parrilla y ahora que ya me lo trajeron me entregaron el equivocado —reclamó el hombre enfurecido.

Eddie estaba terminando de almorzar cerca de la entrada del restaurante. Contuvo las ganas de intervenir y observó en silencio al enfurecido comensal que se quejaba por el servicio.

La mesera corrió de prisa en busca de un Gerente. Olga se acercó tranquilamente al hombre y lo escuchó mientras él repetía su queja. Ella asentía mientras el hombre hablaba, se disculpó con sinceridad y le dijo que ella también se hubiera molestado si estuviera en su lugar. El hombre se calmó y Olga le dio una tarjeta de regalo y una caja de postres antes de retirarse.

Eddie observó todo en silencio. Ya sabía cuál iba a ser el tema para la reunión de mañana.

*

Olga fue quien inició la sesión la mañana siguiente.

—¿De qué se han dado cuenta?—preguntó Eddie mientras todos se acomodaban en sus asientos y bebían su café.

—A la gente le gusta recibir reconocimiento —comenzó John—. Están más animados y con energía cuando lo reciben y se siente bien darlo.

—Le comenté a Faye que es muy buena picando vegetales —añadió Tiffany—. Es rápida y precisa. Quiero decir, podrías pensar que es algo muy simple o tonto de reconocer, ¿no? Pues, ha estado picando vegetales como una máquina desde entonces. Cuando más se elogia algo que hace alguien, más lo va a hacer.

—¡Exacto!—exclamó John.

—Lo he notado con mi hija —añadió Tiffany—. Le dije que estaba orgullosa de que tan rápido se había cepillado los dientes y alistado para dormir la semana pasada y, en efecto, durante los siguientes días lo hizo más rápido y se fue a dormir *antes* de su hora. Estoy pensando en que tal vez, sí me voy a quedar con ella después de todo.—dijo Tiffany entre risas.

Olga sintió.

—Pienso que hablar sobre lo que está funcionando, les hace saber a las personas lo que está bien y se aprecia. Les indica lo que deben seguir haciendo. Ahora nos parece obvio, pero las personas se alegran cuando lo escuchan.

—Supongo que tendemos a enfocarnos demasiado en lo negativo, en todas las cosas que no queremos —dijo John y dudó un poco, después volteó a ver a Eddie. Eddie, me he dado cuenta de que siempre nos estás haciendo preguntas. Ahora que lo pienso, nunca nos cuentas mucho sobre ti.

—Sí… ¿qué piensas sobre eso? Darius sacudió la cabeza.

—¡Ahí vas otra vez! Ya lo veía venir —se rascó la cabeza desaliñándose el corto cabello—. Al inicio me parecía muy molesto, pensaba «¿Acaso este chico no tiene ninguna opinión o pensamiento propio?» Pero ahora me doy cuenta de que es mejor eso a que te *digan que hacer* todo el tiempo. De hecho, lo he estado intentando con mis chicos.

Eddie estaba intrigado.

—¿De verdad?, ¿cómo?

—Bueno, siempre le asigno a Mario limpiar el comedor, y para él se vuelve bastante molesto tras pedírselo después de la millonésima vez. Así que le comencé a preguntar sobre el estado del comedor. Las primeras veces pude notar que lo tomé desprevenido, pero ahora sabe lo que tiene que hacer. Así que cuando le pregunto, ya lo tiene listo y me dice orgulloso que está reluciente. Eso le permite conseguir la victoria y yo le pueda dar el mérito por eso.

—Me di cuenta del excelente cambio en nuestras mesas —dijo Olga—. De hecho, lo iba a mencionar. Bien hecho.

—Así que ese es tu secreto, Eddie. Sólo haz un montón de preguntas y deja que los demás piensen. Es un estilo de liderazgo perezoso… me agrada.—dijo John con una sonrisa.

—Me atrapaste —dijo Eddie con las manos en alto—. Personalmente creo que es más interesante ser parte de la solución y compartir la victoria. Se siente mejor ayudar a hacer las jugadas y contar con apoyo, que ser siempre el que anota los goles. ¿Tú qué opinas, Tiffany?

—Cuando alguien te hace una pregunta, te obliga a pensar. Siento que me distraigo cuando la gente me habla. Eso es lo que odiaba de la escuela —dijo Tiffany, sacudiendo la cabeza al recordarlo.

—Me he dado cuenta de que muchas veces, cuando nos haces preguntas he respondido con cosas que ni sabía que pasaban por mi mente —participó John, golpeando ligeramente su sien con su dedo índice.

Olga estaba inusualmente callada y parecía como si estuviera debatiendo algo en su cabeza.

—Entiendo el punto —dijo finalmente—. Y quizás eso puede funcionar en una oficina, pero ¿cuándo tenemos tiempo de hacer eso aquí? Este restaurante hace más de 15,000 transacciones a la semana. No tengo el tiempo para sentarme a hacer preguntas. Por lo general me es más rápido hacer las cosas yo misma.

—Eso es lo dice la mayoría de los empresarios que están a cargo de la empresa, Olga; que es la razón por la que nunca tienen tiempo —inició Eddie—. Las personas que no se toman el tiempo de formar y preparar a sus trabajadores terminan corriendo como pollos sin cabeza intentando hacer todo ellos mismos. Hacen pequeñas tareas aquí y allá porque parece ser "más rápido", pero no tienen fin. ¿Y quién se queda a cargo y dirige el negocio cuando ellos están tan ocupados haciendo una infinidad de tareas triviales? Así que tienes razón, se necesita un minuto extra para hacer una pausa y formar a alguien, pero rápidamente se vuelve un hábito y se ven reflejados los beneficios de esa inversión cien veces más.

Olga asintió pensativa mientras lo escuchaba hablar.

—Y hablando de esto —añadió Eddie—. Escuché lo que pasó ayer con el caballero del sándwich de queso a la parrilla que se quejó porque su comida se tardó mucho.

¿Te importa si uso eso como ejemplo para explicar algo?

—Adelante —respondió Olga, aunque parecía no estar del todo de acuerdo.

—Ayer un comensal se quejó de que su comida se estaba tardando mucho —le explicó Eddie al grupo—. La mesera fue y buscó a Olga, quien escuchó al hombre, empatizó con su frustración y se encargó del problema. Lo manejó como toda una profesional. Pero ¿cuál es el problema?

—¿Supongo que la siguiente vez que suceda, la mesera va a volver a buscar a Olga?—contestó Tiffany.

—¿Además??—insistió Eddie.

—Bueno, las meseras no van a mejorar respecto a eso —dijo John—. ¿Qué tal si Olga no está ahí o está ocupada?

—Sí, pero probablemente ellas no puedan resolverlo del modo en que Olga lo hace.—dijo Darius—. Pienso que suena un poco loco, dejar que el novato trate con un comensal enojado… Me parece una mala idea.

Eddie asintió.

—Quizá la primera vez, pero en ese momento se presentó una oportunidad de capacitación. Olga, ¿cómo pudiste haberla capacitado?, ¿qué le pudiste haber preguntado para que se involucrara en el proceso?

—¿Le pude haber preguntado cómo lo hubiera resuelto?, ¿qué hubiera hecho? Pero no lo tendría que hacer enfrente del comensal, ¿verdad?

—Exacto. Pero lo puedes hacer antes y después de hablar con el comensal. Solo te toma unos momentos para comenzar a compartir tu conocimiento, para comenzar a apoyar su crecimiento.—le explicó Eddie.

—Así que en el futuro la mesera no necesitará que Olga intervenga, ¿no?—dijo Tiffany—. Ella lo va a poder resolver sola.

—Correcto, el mayor impacto que puede tener sobre los demás, es hacer que crezcan al compartirles su experiencia y preparándolos.—les aclaró Eddie.

John asintió.

—Lo que me gusta de esto,—dijo John—. es que nos hace enfocarnos más en enseñar que en hacer las cosas nosotros mismos. Entre más preparemos a los demás, más líderes vamos a tener y el trabajo de todos se va a volver más fácil.

—Sí, pero no estoy buscando que me reemplacen —dijo Darius. Eddie se rio.

—Esa es la preocupación de siempre, Darius. Desde la perspectiva de un director ejecutivo, les puedo compartir que, si pueden preparar rápidamente a quienes los rodean al punto de que puedan reemplazarlos, ¿creen que los van a despedir? De ninguna manera. Ahora están ayudando a que las personas se desarrollen. La parte más difícil de un negocio es contar con un talento excelente y mantenerlo.

Aquellos que pueden crear líderes de manera interna son tan escasos como invaluables. Y si la empresa no es lo suficientemente inteligente como para otorgarles mayores responsabilidades y recompensas como resultado, entonces créanme que alguien más inteligente lo hará y les pagará mucho más por sus habilidades de liderazgo y formación.

Todos permanecieron en silencio mientras procesaban las palabras de Eddie.

—Así que con todo de lo que hemos hablado, ¿parece que el objetivo principal de nuestro puesto es hacer crecer a los demás, más que el trabajo manual que hacemos realmente?— preguntó Tiffany.

—Eso es lo que has estado haciendo con nosotros todo este tiempo, ¿no es así?— dijo Olga—. Nos estás formando para ser líderes que puedan desarrollar líderes.

—Básicamente —acordó Eddie.

Esta vez el silencio fue largo y profundo.

Eddie intentó tratar de no sonreír. «Al fin lo están entendiendo.» Se dijo a sí mismo,

«Aún no lo saben, pero muy pronto ya no me necesitarán…»

Mientras todos salían de la habitación, Darius se sorprendió de ver a Julio esperándolo en la cocina.

—Hola, Julio. ¿Cómo estás?

Julio miró rápidamente a John, quien levantó los pulgares.

—Estuve hablando con mi tío y me dijo que debía hablar contigo. Darius se paró frente a Julio y respiró profundamente.

—Claro, ¿sobre qué?

—John me dijo que las cosas aquí eran algo diferentes que cuando, ya sabes…

Una ligera sonrisa apareció en la usual expresión seria de Darius.

—Sí, supongo que lo son —Darius hizo una señal rápida con la cabeza hacia John y acompaño a Julio a la parte trasera de la cocina—. Supongo que estás buscando trabajo.

Julio asintió.

—Sí, si estás, ya sabes…

—Siempre estamos buscando buenas personas —le dijo Darius—. Y eres bueno, un excelente trabajador. ¿Cuándo puedes comenzar?

John no pudo contener la sonrisa que apareció en su rostro mientras se dirigía a la panadería.

Capítulo 10: ¿Qué sigue?

Todos los miembros del equipo impactan en el desempeño de la organización, la cultura y los resultados de una organización. Entonces, ¿cómo fomentan los líderes en tu organización las contribuciones positivas de los miembros de tu equipo? Cuando el psicólogo organizacional y padre de la Inteligencia Emocional, el Dr. Daniel Goleman, examinó qué estilos de liderazgo tenían el mayor impacto positivo en el desempeño, la cultura y los resultados, identificó el "coaching" como el estilo de liderazgo con un impacto "considerablemente positivo", en los tres aspectos[1].

El estilo de liderazgo basado en el coaching ayuda a las personas a aprender, crecer y alcanzar su máximo potencial. Además, ayuda a los líderes a delegar responsabilidades a sus equipos y enfocarse en las prioridades estratégicas. A pesar de los beneficios, la mayoría de los directivos piensan que no tienen tiempo de entrenar a sus empleados porque hay demasiado trabajo por hacer.

Aunque empatizamos con el hecho de tener una lista interminable de tareas pendientes y una bandeja de entrada sin fin de correos electrónicos sin leer, este módulo desafía a los participantes a practicar una nueva herramienta de coaching que les ahorrará tiempo y esfuerzo. Practicar el estilo de liderazgo de coaching comienza con el aprendizaje de cómo liderar con preguntas al momento de hablar con los miembros del equipo. Pero ¿qué tipo de preguntas deberías hacer? Y, ¿cómo se hacen?

---

1 Stanier, Michael Bungay. The Coaching Habit. February 2016

Al finalizar este módulo, los directivos descubren grandes ideas, innovaciones y recomendaciones de los miembros del equipo que quizá no habían compartido antes. Los gerentes pasan de supervisar a asombrarse por las ideas que los miembros del equipo. Los gerentes desbloquean el potencial de todos los miembros del equipo para resolver los desafíos comunes y aportar innovaciones ingeniosas.

Opiniones de nuestros participantes

- *"¡Esta es una gran herramienta! Mi equipo estaba gratamente sorprendido cuando les pregunté su opinión e implementé sus ideas".*
- *"Me percaté de que hacer preguntas inspira a mi equipo a resolver más problemas".*
- *"¡No puedo creerlo! Hasta los miembros más callados y tímidos de mi equipo hablan más a menudo".*

> *A pesar de que había vendido 70 millones de álbumes, me sentía como si no fuera «buena en esto.»*
>
> JENNIFER LOPEZ

CAPÍTULO 11

El síndrome del impostor

El Sr. Edward miró alrededor del restaurante. Se sentía familiar y extraño a la vez. Era su primer día completo de regreso al trabajo. Eddie se había ido la noche anterior y ahora era su momento de tomar las riendas una vez más.

El personal comenzó a llegar pasando a su lado, quitándose sus chaquetas al cruzar la puerta. Observó cómo todos se dirigían a la parte trasera del restaurante.

Olga salió de la oficina con un sujeta papeles bajo el brazo.

—¿Viene?

El Sr. Edward frunció el ceño.

—¿Ir? ¿A dónde?

Olga avanzó unos pasos haciendo sonar sus tacones.

—A la reunión matutina. El Sr. Edward resopló.

—No—hizo una pausa—. Solo no se tarden.

Olga se mantuvo en silencio y cruzó la puerta para dirigirse a la parte trasera del restaurante.

El sonido de sus tacones fue disminuyendo en volumen hasta que el restaurante se vio envuelto en silencio.

El Señor respiró profundo y miró a su alrededor.

Inseguro de qué hacer; caminó sin rumbo, levantando cosas y dejándolas nuevamente en su lugar, revisando las esquinas y bajo las mesas.

Nada.

Nada estaba sucio.

No faltaba nada.

No se necesitaba hacer nada.

El sonido de las risas se podía escuchar que provenía de la parte trasera. El Sr. Edward frunció el ceño. Más risas. Comenzó a caminar hacia allá, pero dudó. Comenzó a caminar una vez más, y esta vez con un poco más de determinación.

—¿Y qué dijo tu esposo? Tiffany se rio.

—Eso es lo gracioso, esperaba que se retractara, pero solo lo aceptó y dijo...

Todos miraron a su alrededor cuando la puerta se abrió. El Sr. Edward estaba parado en la puerta igual que un niño que había perdido de vista a su madre.

—Adelante —dijo Olga rápidamente—. Darius, ¿puedes acomodar una silla para Edward?

—Sí, claro. Aquí tiene, Jefe —Darius deslizó una silla hacia el Señor. El Sr. Edward se sentó lentamente y miró a su alrededor.

—Pensé en venir para, ya saben, ver de qué se trata todo esto.

Todos en la habitación sonrieron.

—Es bueno verlo aquí.—dijo Olga.

—¿Quizás deberíamos comenzar con las reglas otra vez?—sugirió Darius. Olga sonrió.

—Excelente idea, Darius. ¿Nos harías el honor?

Olga miró a su alrededor después de que Darius terminó.

—Hablé con Eddie sobre lo que estábamos discutiendo el otro día. Me dijo que se llama Síndrome del Impostor.

—Ese es un buen nombre —dijo John—. Me pasó otra vez el otro día. Estaba trabajando con uno de los nuevos panaderos y en lugar de decirle qué hacer intenté hacerle más preguntas. Ya saben, hacer que pensara en cómo hacemos las cosas. Bueno, estábamos hablando sobre cómo mezclamos la masa y me creerán si les digo que me mostró algo en lo que jamás había pensado. Digo, no fue la octava maravilla, pero si mejoró nuestro proceso.

—¿Qué fue lo sorprendente de eso?—preguntó Olga.

—Como el panadero principal siempre me sentí como si necesitara saber todo y conocer todas las respuestas. No se me ocurrió que las soluciones pueden venir de otras personas, especialmente de personas nuevas. Si hablamos del cinco por ciento de lo peor…—John hizo una pausa—. Me hizo sentir nervioso que mi equipo se diera cuenta de que no siempre sé todas las respuestas. ¿Qué me da el derecho de ser el jefe?—John miró al Sr. Edward al decir esto último.

Tiffany suspiró con fuerza, llamando la atención de todos.

—Esa es básicamente la historia de mi vida. Siento como si necesitara saber todo y estar preparada para todo en todo momento. Si no es así y alguien se da cuenta, me van a descubrir. No pensé que los demás también se sintieran así.

—Eddie mencionó que la mayoría de las personas se sienten así —les explicó Olga—. Es el sentimiento profundo de que somos impostores en nuestro puesto y que se darán cuenta y nos descubrirán. Aparentemente, incluso Einstein lo tuvo *después* de haber ganado el premio Nobel.

Darius asintió.

—Te entiendo, Tiff. También me siento así. Siempre he pensado que mi trabajo es saber todo, manejar todo, o de lo contrario, no me merezco mi puesto —dijo Darius.

El Sr. Edward estaba escuchando atentamente en silencio. Luego, se aclaró la garganta.

—¿Puedo decir algo?

—Claro —le contestó Olga.

El Sr. Edward se acomodó en su asiento, se inclinó hacia delante y miró a la mesa, evitando hacer contacto visual.

—Recuerdo cuando recién compré la tienda. Ni siquiera sabía la diferencia entre los aderezos para las ensaladas. Me sentí avergonzado y, bueno, me hizo trabajar más duro que nadie —levantó la mirada y se topó con expresiones de interés—. Si vamos a ser honestos aquí, tengo que admitir que me siento así en este momento. Todos ustedes han estado haciendo un excelente trabajo sin mí, y me pregunto si incluso debería estar aquí ahora…

Olga sonrió.

—Gracias por compartir, Edward. Es un poco reconfortante saber que todos nos sentimos igual, ¿no?

Capítulo 11: ¿Qué sigue?

Documentado por primera vez por las psicólogas la Dra. Suzzane Imes y Dra. Pauline Clance, el síndrome del impostor afecta a las personas que son incapaces de interiorizar y aceptar su éxito. Los síntomas pueden incluir tener expectativas poco realistas para uno mismo, como la necesidad de tener la "respuesta correcta" para todo y sentimientos de ansiedad y depresión que impiden que tanto tú como tu equipo alcancen su máximo potencial[1].

El síndrome del impostor es un término ampliamente reconocido y debatido en la cultura popular. Te compartimos algunos de los titulares a continuación:

- Cómo superar el síndrome del impostor. (*American Psychological Association*, 1 de junio de 2021).
- Deja de decirle a las mujeres que tienen el síndrome del impostor. (Harvard Business Review, 11 de febrero de 2021).
- Sí, el síndrome del impostor es real. Aquí te decimos cómo sobrellevarlo. (Time Magazine, 20 de junio de 2018).

Parece que casi todos saben lo que es tener un bloqueo mental o sentir ansiedad al aceptar su éxito. El primer paso para superar al síndrome del impostor es entender que estos sentimientos no solo los sientes tú y que no eres el único que se siente así.

El módulo de este capítulo te ayuda a identificar y abordar el síndrome del impostor, lo que te permite sentirte más có-

---

1 https://www.apa.org/gradpsych/2013/11/fraud

modo al participar en tus reuniones y compartir tus experiencias para que los demás puedan aprender de ellas y conectar contigo. Desarrollarás las habilidades necesarias para reconocer cuándo estás experimentando el síndrome del impostor, aprenderás a responder y conectar con tus colegas que también puedan estar experimentándolo también. Después de este módulo, tendrás más confianza incluso en situaciones nuevas o desconocidas.

Opiniones de nuestros participantes

- *"Fue impactante escuchar a los demás miembros del equipo compartir sus experiencias con el síndrome del impostor. Siento que ahora todos nos entendemos mejor".*
- *"Me di cuenta de que el dudar de mí mismo me estaba llevando a ser perfeccionista y trabajar más de la cuenta".*
- *"Había escuchado sobre el síndrome del impostor, pero asumí que no aplicaba para mí. Ahora, me doy cuenta de que todos lo experimentan en algún momento y por ello, se hace cada vez más fácil opinar en nuevas situaciones".*

> *Si tus acciones inspiran a los demás a soñar, aprender y hacer más, entonces eres un líder.*
>
> John Quincy Adam

CAPÍTULO 12

Sigue al líder

Tiffany se movía alegremente por la cocina.

—Sé lo que estás haciendo.—Se rio Gabriel, uno de los sous chefs, mientras ella, con su coleta moviéndose pasaba cerca de él.

Tiffany se detuvo.

—¿De verdad?

Daisy, una de las empleadas, rio.

—Claro, es fácil.

Tiffany estaba genuinamente confundida.

—¿Y cómo lo sabes?

—Cuando vas a una de esas reuniones —dijo Gabriel—. Prácticamente corres hacia allá, como si fueras a llegar a tiempo.

—Y cuando sales—agregó Daisy—. Estás muy sonriente, feliz y llena de energía.

Tiffany pensó por un momento.

—Supongo que solo disfruto las reuniones —afirmó.

John pasó a su lado apresurado y con una sonrisa.

—Buenos días, Tiff. ¿Nos vemos en un momento?

—Sí, ya voy hacia allá.

Gabriel miró cómo John desaparecía al entrar a la sala de juntas.

—¿Y qué es lo que tanto hacen ahí? Los escuchamos hablar y reír. Si no los conociera, pensaría que están teniendo una fiesta.

—Pero es difícil imaginar a Olga en una —murmuró Daisy mientras Olga pasaba, con sus tacones haciendo ruido en el piso de baldosa.

—Sólo hablamos de trabajo —les contó Tiffany—. Discutimos y resolvemos asuntos, y hacemos planes.

—No suena como a una reunión de trabajo de la que haya escuchado jamás —rio Gabriel —. Desearía que mi trabajo fuera igual de divertido.

—¡Yo también!—dijo Daisy.

Tiffany miró a Darius dirigirse hacia la sala de juntas con un portapapeles bajo el brazo.

—Bueno, me tengo que ir. Los veo en una hora.

Darius leyó los protocolos al equipo y después se turnaron para compartir su cinco por ciento mejor y peor. Tiffany se mantuvo en silencio pensando en lo que iba a decir. La conversación que había tenido con Daisy y Gabriel aún la tenía presente.

—Tiff, ¿en qué estás pensando?

Tiffany levantó la cabeza y se dio cuenta de que todos la estaban mirando.

—Perdón, estaba pensando en lo que iba a decir.

—No te preocupes, a todos nos sucede en algún momento,—dijo Darius—. ¡Hasta yo lo he hecho una o dos veces! ¿Ya estás lista para compartir?

—Sí, sí, comencemos. Primero lo cinco por ciento peor. Mi perro, el señor Wiffles, se enfermó este fin de semana y estaba muy preocupada porque nuestro último perro falleció hace algunos años. Bueno, el veterinario dijo que tenía un tipo de virus canino y le recetó medicamento, el cual odia, ¡así que tenemos que esconderla en su comida!—se rio—. Pero siempre lo encuentra, así que ahora lo cubro con helado y siempre se lo come.

Afortunadamente, él está mucho mejor, pero todo eso me costó más de trescientos dólares.

—¡Ay!—rio Darius.

—Y lo cinco por ciento mejor... —hizo una pausa—. He estado utilizando las técnicas del Foro en casa, las zonas de escucha, cosas así y estoy emocionada. Está haciendo la diferencia y ha funcionado muy bien con mi esposo e hijos. Lo cual, me hizo pensar, cuando iba de camino a la reunión de hoy, algunos miembros de la cocina me comentaron que siempre sabían cuando iba a venir a una de estas reuniones porque estaba de muy buen humor y que parecía que nuestras reuniones eran bastante divertidas. De hecho, Gabriel me dijo: «desearía que mi trabajo fuera igual d*e divertido!*» —miró alrededor de la mesa, todos la observaban—. Bueno, eso me hizo reflexionar... y sé que va a parecer una locura... pero ¿y si hiciéramos Foros para todo el personal? ¿Y si pudiéramos compartir estas maravillosas lecciones con todos los miembros de la empresa?

Se produjo un largo silencio mientras el grupo procesaba la idea.

John fue el primero en hablar.

—¿Estás proponiendo hacer un grupo de Foro para todo mi personal de panadería?

Tiffany se encogió de hombros.

—Claro. Digo, no veo por qué no.

—Yo también he recibido comentarios similares —agregó Darius—. Uno de mis chicos dijo que desearía que yo tuviera una de estas reuniones todos los días porque siempre estoy de mejor humor en los días en que nos reunimos.

—Es cierto —añadió John—. Mi personal se dio cuenta de lo mismo.

—Exacto —dijo Tiffany mientras miraba a su alrededor—. ¿No sería genial si compartiéramos esa experiencia con todos los miembros de la empresa? Los cambios en el restaurante han sido bastante positivos solo con nuestro grupo, ¿se imaginan qué tan efectivo sería si todos aquí lo hicieran? —sonrió con timidez—. Descabellado, lo sé, pero eso es lo que estaba pensando...

—¿Hacer que todos obtengan los resultados de nuestro grupo? Eso me parece una buena idea —coincidió Olga.

—Lo es.

—Definitivamente.

Darius sonrió.

—¿Y si todos son como yo era al inicio?

—Entonces los ponemos en tu grupo de Foro.—rio John.
—¿Cómo funcionaría?—preguntó Tiffany.
—Supongo que cada uno lideraría un grupo —dijo Olga.
—Eso no funcionaría —murmuró John—. Significa que yo tendría que liderar a un grupo… y no puedo hacer eso. No soy un líder.

Olga volteó a ver a John.

—Eres el panadero principal.
—Pero no soy un líder. Nadie está bajo mi supervisión.
—Desde que estamos en un Foro… ¿tus acciones han influenciado a los demás?—preguntó Olga.
—Pues… sí.
—Y ellos evidentemente se dan cuenta de nuestro comportamiento, —agregó Darius—. Si no, no nos hubieran preguntado por las reuniones. Considero que esa es otra forma de liderazgo.
—Definitivamente—dijo Olga—. Me parece que el liderazgo se reduce a nuestra habilidad de influir en los demás. ¿Se han dado cuenta que cuando están esperando que un semáforo pase de rojo a verde, si una persona comienza a caminar, los demás también lo hacen? Si alguien toma la iniciativa, todos estamos predispuestos a seguirlo.
—Guau —dijo John—. Nunca lo había pensado así, ¿entonces eso quiere decir que todos somos líderes?
—En efecto —se inclinó hacia adelante Olga y anotó algo en su bloc de notas—. Creo que es una fantástica idea, Tiffany. Déjame investigar qué es lo que necesitamos hacer para comenzar.

El chat de grupo estaba lleno de conversaciones esa noche:

> **John**
> Guau, esto es emocionante.
>
> **Tiffany**
> ¿De verdad crees que podemos hacerlo?
>
> **Darius**
> No creímos que fuéramos a hacer que nuestro Foro funcionara y míranos ahora. 😀
>
> **John**
> Podría ser genial. Ojalá que pueda llevarse a cabo, ¿verdad?
>
> **Tiffany**
> ¡Hola nervios y también emoción!
>
> **Darius**
> No te preocupes Tiff. Los vas a impresionar.

Tres semanas después

Tiffany miró alrededor de la sala de juntas. Era extraño estar ahí sin el resto del equipo. Todas las miradas estaban fijas sobre ella cuando comenzó a hablar.

—Estoy muy emocionada de compartir esto con ustedes, chicos. Emocionada y nerviosa.

Su equipo sonrió nerviosamente.

—Cuando iniciamos nuestro Foro —dijo Tiffany—, no tenía idea de qué esperar, pero terminó siendo lo más valioso y profundo que he hecho jamás. No exagero cuando digo que cambió mi vida, tanto profesional como personal.

Hizo una pausa y miró a los ojos a cada miembro de su equipo.

—Esto es un proceso. No se trata de ser 100% transparente, sino de crear confianza y conexiones compartiendo un poco más sobre ustedes cada semana. Solo asistan, intenten algo nuevo y estén abiertos a aprender algo sobre ustedes que jamás hayan experimentado antes…

Todos la miraban fijamente.

—Déjenme contarles —continuó con más confianza en su tono de voz—. Si obtienen la mitad de lo que yo obtuve, van a pasar por el mejor momento de sus vidas. ¡Así que prepárense porque esta va a ser una aventura divertida!

Capítulo 12: ¿Qué sigue?

Mantener una cultura inspiradora y positiva en la empresa en donde los empleados estén comprometidos y se sientan plenos no sucede de manera accidental. Con el incremento de los empleos remotos e híbridos y las expectativas siempre cambiantes en las organizaciones, las organizaciones modernas necesitan invertir y trabajar para hacer de la cultura empresarial una ventaja competitiva.

Cambiar la cultura de la empresa requiere transformar el comportamiento de sus empleados. La literatura sobre negocios tradicional y los asesores de alto nivel contribuyen al mito de que para cambiar la cultura se necesitan de meses ¡o incluso de años! Nuestro programa de Artistas del Cambio desmiente ese mito. Después de lanzar cientos de Foros en áreas de trabajo, sabemos que el aprendizaje social y experimental puede impulsar el cambio de comportamiento después de una reunión del Foro. Tras completar las 12 reuniones del Foro en nuestro programa de Artistas del Cambio, tu equipo habrá tenido una experiencia transformadora que revolucionará su forma de trabajar juntos.

Aunque los equipos de liderazgo suelen ser los primeros en empezar con Artistas del Cambio, el verdadero poder de este programa se consigue cuando todos los miembros del equipo en tu organización se capacitan en el Foro y practican las habilidades de liderazgo que presentamos en el libro. Hemos llevado a cabo el programa con equipos de liderazgo ejecutivos hasta con sus empleados de primera línea, como soldadores, mecánicos, conductores de camiones, personal de mantenimiento, operadores en centros de servicio al cliente, programadores e ingenieros. Aprendimos que estas lecciones aplican para todos los miembros de la organización y por lo general marca la diferencia más significativa para los miembros que no han recibido antes este tipo de capacitación.

Imagina el impacto en la cultura de tu empresa si:

- Todos los miembros de tu equipo practicaran la Zona 3 de escucha.
- Los gerentes dirigieran con preguntas en lugar de asignar tareas.
- Todos comenzaran su día estableciendo sus intenciones como líderes.

Estos son los resultados que nuestros clientes experimentan tras la implementación de los Foros en toda la organización. Los miembros del equipo de la empresa frecuentemente expresan su gratitud por la oportunidad y demuestran mejoras considerables en su compromiso y retención.

Opiniones de nuestros participantes

- *"Sabía que iba a ser bueno, pero no sabía que iba a ser tan magnífico. No hay mejor inversión que crear Foros en el área de trabajo".*
- *"Mi equipo tuvo grandes resultados con el Foro piloto, y ahora lo estamos implementando en el resto de la organización y en mis otras empresas. Incluso, uno de los miembros de nuestro equipo asistió a nuestra reunión del Foro cuando estaba incapacitado. Estaba atónito".*

> *"En tres meses logramos un incremento del 300% en la producción. Este es el resultado que he visto en el área de venta tras aplicar las lecciones de gratitud, retroalimentación positiva y conexión personal que aprendimos semana tras semana en este programa".*

¿Estás listo para comenzar tu aventura del Foro? Tenemos la misión de llevar el Foro al mayor número de personas en el planeta, así que visita forumsatwork.com y completa nuestro formulario de contacto para reunirte con un miembro de nuestro equipo.

Si mencionas a Artistas del Cambio podrás recibir un descuento en nuestro paquete de Foro piloto para comenzar un Foro en tu área de trabajo. Nuestro paquete de Foro piloto incluye suscripciones anuales a nuestra plataforma de forums@work para ti y los miembros de tu equipo, un Moderador de Foro Certificado (MFC) para auxiliarte en las primeras cuatro reuniones de tu Foro y ayuda ilimitada de nuestros Coordinadores de Foro para personalizar el enfoque de tu organización para implementar los Foros. ¡Esperamos saber de ti y ayudarte a dar el siguiente paso en tu aventura de Foro!

Epílogo

Eddie se encontraba sentado en la recepción de la oficina de Mike Campbell, rodeado de un mar de plantas y revistas viejas. Se sentía todavía un poco cansado por el vuelo nocturno a San Francisco.

—¿Eddie? Es bueno verte.

Mike avanzó hacia Eddie con la mano extendida.

—Gracias por venir tan pronto a la ciudad. Tu socio me comentó que acabas de llegar esta mañana—guio a Eddie a su oficina—. Toma asiento, le diré a Sandy que te traiga café.

Una vez sentados, Mike miró expectante a Eddie. Mike estaba aproximadamente en los sesenta años, igual que su padre, después de varios meses de discusiones y negociaciones, aún estaba indeciso sobre si realmente quería vender su empresa o no. Se acomodó la corbata al sentarse, inclinándose hacia delante.

—Me gustaría saber que te hizo regresar tan pronto.

Eddie le dio un sorbo a su café.

—Como sabes, pasé los últimos meses supervisando el restaurante de mi familia en Toronto.

—Sí, eso escuché. Un trabajo difícil.

—Ni que lo diga —pausó Eddie—. La cosa es que me dio algo de tiempo para reflexionar, y terminé pensando mucho en ti.

Mike soltó una risa nerviosa.

—No sé si debo sentirme halagado o preocupado.

—Has cambiado de opinión sobre este trato varias veces —remarcó Eddie—. Y creo que al fin entiendo el motivo.

—Ilústrame.

—Esta empresa es tu bebé. La construiste desde cero y ha sido tu vida durante los últimos 30 años.

—¿Y lo demás? —Mike se rio sin gracia.

—¿Cómo dejas ir eso? ¿Cómo dejas ir a tu vida?

Mike suspiró.

—Cómo si lo supiera.

—Y ese es el punto, no tiene que ser así. No tendrías que sentir como si la estuvieras dejando ir. Estamos haciendo que tu empresa se adentre en un camino de crecimiento y evolución continua. Además, la empresa no debería ser tu vida, si lo es, entonces es una obstrucción, un impedimento para el resto de tu vida. Pero dejarla ir te asusta, te hace sentir vulnerable. ¿Y qué le pasará a tu empresa después de que la vendas?, ¿cómo se ve su futuro? ¿Qué le pasará a tus empleados? ¿Y qué hay de tu legado?, ¿seguirá intacto o se destruirá…?

Mike había estado escuchando atentamente.

—Tienes razón —admitió—. Me he hecho las mismas preguntas y más. Y aquí estás, diciéndome que tú eres el hombre que debe reemplazarme, ¿cierto?—contestó molesto.

Eddie sintió como su buen humor comenzaba a desplomarse. Era igual que hablar con su papá. Se mordió la lengua, respiró profundo y cuidadosamente pensó en lo que iba a decir antes de hablar.

—No estoy aquí para reemplazarte, Mike —dijo Eddie con calma—. Estoy aquí para asegurar que lo que has construido, el legado de tu empresa continúe, igual que como lo hice para el negocio de mi familia. Vamos a crear una cultura de pertenencia entre los empleados, con la cual ellos pensarán, actuarán y asumirán responsabilidades como si fueran los propietarios. Vamos a crear un plan de compra de acciones para tus empleados que les permitirá participar en la propiedad de la empresa. Esto les va a cambiar sus vidas, Mike.

Mike levantó la ceja.

—¿Eso hiciste para el negocio de tu familia? ¿Y tu padre solo se quedó ahí y te dejó hacerlo?

—Bueno, el hecho de que estuviera en casa reposando con una pierna rota ayudó —Eddie se rio—. El restaurante está mejor que nunca y ya no necesita que mi padre esté ahí todo el tiempo. Mike, esta es una oportunidad para un nuevo comienzo para tu empresa, para las personas que te ayudaron a construirlo. Esto se trata de dejar que alguien más se encargue de lo que empezaste y asegurarse de que perdure con el paso del tiempo. Además, es tu oportunidad de comenzar la siguiente etapa de tu vida, de descubrir cómo se siente no trabajar 51 semanas al año, o tener que contestar esas llamadas de "emergencia" a las tres de la mañana, o de sentir ese nudo en la garganta cuando las ventas caen.

Mike miró a Eddie durante un largo tiempo, luego se puso de pie y miró a través de la ventana. El silencio envolvió la habitación. Finalmente, Mike se dio la vuela y le estrechó la mano a Eddie.

—Muy bien, Eddie —dijo con una sonrisa dibujada en su rostro—. Volvamos a repasar esto y veamos si podemos llegar a un acuerdo.

Es tu turno de liderar una revolución cultural

Gracias por leer Artistas del Cambio. El propósito de este libro es inspirar y empoderarte para que lideres un cambio positivo en tu vida personal, profesional y familiar. A lo largo de esta historia, observarás a un equipo pasar por este proceso y transformar su empresa de manera exitosa, y en algunos casos, sus vidas personales. Ahora es tu turno de llevar los Foros a tu lugar de trabajo.

Para apoyarte, hemos desarrollado una plataforma de capacitación inmersiva en línea para que puedas dar vida a este libro y recrear el mismo impacto con tus colegas, familiares y amigos. El programa está diseñado y tiene un costo accesible para que las organizaciones de todos los tamaños puedan involucrar a todos sus empleados en el Foro. Visita forumsatwork.com para obtener más información.

Este curso es perfecto para:
- Equipos existentes en la empresa.
- Creación de equipos nuevos o multidisciplinarios.
- Desarrollar la cultura de la empresa de modalidad remota.
- Auxiliar a la integración tras una fusión o adquisición.

¿Cómo funciona?:

- Reúne de 5-8 de tus compañeros de trabajo.
- Lean el libro juntos un capítulo por semana. Después apliquen el Paso de Acción de esa semana y luego se reunirán en el Foro.
- El programa de Artistas del Cambio tiene una duración de 12 semanas.
- El proceso te permitirá construir relaciones más estrechas mientras aprenden y crecen juntos, y te preparará para que continúes con programas adicionales basados en el Foro que se encuentran en nuestra biblioteca de forums@work.

Cuando los compañeros o colegas pasan juntos por este proceso de 12 semanas, se inicia su Foro y, por lo tanto, es sólo el inicio de su aventura juntos. Estos Foros siempre están avanzando con nuevos programas para explorar juntos. Los miembros del equipo esperan con entusiasmo a que llegue la hora designada en la que pueden conectar, aprender y apoyarse entre sí. Realmente es el inicio de una aventura emocionante y plena, no es solo un programa.

Conclusión del autor

Gracias por tomarte el tiempo de leer mi libro. Compartir mi historia fue un trabajo desafiante, apasionado y pleno a la vez. Posiblemente, te hayas dado cuenta de que esta historia es sobre mí y mi familia (mi segundo nombre es Eddie). El prelanzamiento de este libro provocó muchas conversaciones con otras personas que habían pasado por experiencias similares con sus familias. Siguiendo el tema del libro, este es un recordatorio constante que nuestros desafíos en la vida no son exclusivamente nuestros, y que existe un sentimiento enorme de catarsis cuando nos damos la oportunidad de conectar a través de nuestras experiencias en común.

Siempre me preguntan: ¿Qué le pasó al restaurante?, ¿A tu padre? ¿Olga está bien?

El Foro ha continuado y sigue teniendo éxito.

El equipo que aparece en la historia se volvió tan autosuficiente que mi padre dejó de ir y eventualmente inició un nuevo restaurante. Curiosamente, mi madre (quien siempre tomó más un papel de apoyo en las operaciones) se volvió más activa y finalmente asumió la presidencia de la empresa, con lo cual, prosperó con la nueva filosofía y cultura.

Mes tras mes, y año tras año, la cultura del restaurante mejoró tanto en el cómo se "siente" trabajar ahí, como en las ventas y la rentabilidad.

De hecho, el equipo se comprometió tanto con el restaurante que incluso profundizamos más el proceso. Tenían ganas de seguir creciendo y de aprender más. Una vez que se fue mi padre, ellos asumieron más y más responsabilidades, como si fueran los propietarios. Les impartí un curso de habilidades financieras y hablamos sobre qué significa pensar como propietario. ¿Cómo genera dinero un negocio? ¿Qué ocasiona realmente que un negocio crezca?

Con estas nuevas conversaciones de Foro, el equipo logró entender el impacto de cada acción que realizaban. Empezaron a crear nuevos Foros con el resto del personal, y cada día publicábamos los resultados de ventas y los gastos del día anterior. Se volvió en un juego para ver cuánto podíamos mejorar juntos.

A pesar de todas las cosas buenas que resultaron debido a esta difícil experiencia, hay tres cosas de las que estoy muy orgulloso.

La primera, nuestra tasa de retención voluntaria es del 5.6%; este es el porcentaje de empleados que decidieron por sí mismos dejar sus puestos cada año. Por lo general, cuando las personas se van es debido a que se mudarán a otra ciudad o a otro país. El número es tan asombrosamente bajo comparado con el promedio de la industria (más del 100%), que nadie nos cree.

La segunda, es el impacto que hemos tenido en las vidas personales y familiares de los miembros de nuestro equipo. Siempre he dicho que puedes juzgar la cultura de una organización por su fiesta de invierno. Las nuestras siempre tienen muchos invitados, con familiares y parientes que se unen riendo, bebiendo y bailando.

Finalmente, mi relación con mi padre. No ha sido nada fácil, pero estoy orgulloso de lo lejos que hemos llegado y de la relación que tenemos actualmente.

¡Oh! Y Olga está sana y lidera el negocio sin alterar su presión arterial.

A pesar de que continué con otras empresas, adaptamos nuestro proceso del Foro para llevarlo a cabo mediante videollamada. Los comentarios sobre el éxito que estábamos obteniendo rápidamente se hicieron públicos y comenzamos a implementar Foros en el lugar de trabajo de empresas alrededor del mundo. De esta manera, comenzó Forums@Work (www.forumsatwork.com). Nuestra misión es llevar el Foro al mayor número de personas en el planeta.

Cuando construí el equipo de forums@work, lo primero que hicimos fue iniciar nuestro propio equipo de Foro. Le doy el crédito a nuestro Foro por construir una cultura en la empresa de confianza y colaboración entre un equipo 100% remoto e internacional. Muchos de nosotros jamás nos hemos conocido en persona, y aun así nos conocemos bien, hemos desechado las pláticas sin sentido y nos preocupamos realmente por los demás. Sobre todo, nuestro equipo que está en constante crecimiento se beneficia de la seguridad psicológica que empodera a todos los miembros del equipo a compartir sus perspectivas y aportar ideas que impulsan nuestro crecimiento. Nuestro equipo sólo es uno de docenas de estudios de caso que tenemos para el Foro en el lugar de trabajo. No puedo (ni quiero) imaginar dónde estaríamos sin él.

Estas son tres cosas que me gustaría que te llevaras del libro:

1) **Para los dueños de empresas y gerentes de personas**: Practica estas herramientas hasta el punto en que se vuelvan hábitos que realices por instinto. Descubrirás una manera más fácil, agradable y rentable de liderar a tu organización y a tus equipos. Puedes crear una cultura en donde los miembros de tu equipo piensen y actúen inherentemente como propietarios. Este libro es un paso hacia esa dirección.

2) **Para los miembros de negocios familiares**: Por naturaleza, combinar la familia y el negocio es una tarea extremadamente difícil que nadie puede comprender por completo a menos que lo hayan experimentado por sí mismos. No tienes que hacerlo tú solo, únete al Foro. Contar con el apoyo de otras personas con las que te puedas identificar, transformará tu vida y ayudará a otros que estén pasando por los mismos desafíos.

3) **Para los miembros de empresas que no estén satisfechos con su cultura de trabajo:** No importa cuál sea tu posición, puedes causar un impacto significativo. Aplicar las herramientas indicadas en este libro te preparará y empoderará para que hagas una diferencia. Conforme pase el tiempo podrás decidir trabajar para una empresa cuya cultura se asemeje a la que hemos creado en este libro. Dominar estas habilidades inevitablemente te llevará a asociarte con otros que también lo valoran.

A lo largo del libro hemos aprendido lo siguiente:

1) Cómo establecer y llevar a cabo un **Foro en el lugar de trabajo**. Un ambiente seguro y confidencial en donde las personas pueden compartir sus experiencias e identificarse entre sí.

2) El poder y la práctica de usar la **gratitud** para ayudarnos a sentirnos bien.

3) **El arte de escuchar** puede clasificarse en tres zonas de escucha activa.

4) La palabra **liderazgo** puede tener un significado diferente para cada persona. La mejor manera de saber qué es lo que alguien busca en un líder es preguntarle. :)

5) Preguntarle a los demás **cómo nos perciben** y **qué cambio creen que necesitamos para tener un mejor impacto** para ayudarnos a entender cómo nos estamos mostrando y así crear un nuevo nivel de confianza cuando no reaccionamos de manera negativa a lo que escuchamos.

6) Iniciar tu día con una **intención** es una manera poderosa de influenciar a nuestro subconsciente y nuestras acciones hacia nuestras metas.

7) Reconocer cómo nos sentimos diciéndole **"hola"** a nuestras emociones es una de las maneras más rápidas de cambiar como nos sentimos en el momento.

8) **Elogiar** las acciones positivas de los demás reforzará el comportamiento deseado y los impulsará a realizarlo con mayor frecuencia. ¡También funciona cuando nos elogiamos a nosotros mismos!

9) **Liderar haciendo preguntas** empodera a las personas a crecer y a volverse autosuficientes ya que ellos encuentran sus propias soluciones.

10) No importa qué o cuánto hayamos logrado, el **Síndrome del Impostor** nos afecta a todos. Relacionarnos con los demás y hablar sobre nuestras inseguridades y nuestros desafíos en un ambiente seguro nos ayuda a silenciar la crítica interior.

11) Para experimentar el verdadero poder del Foro en el lugar de trabajo, las organizaciones deben **implementar el Foro** a todos los miembros del equipo. Cuando todos los miembros del equipo están capacitados en el Foro y han desarrollado su confianza, seguridad psicológica y conexión entre ellos, la organización se vuelve imparable.

Acerca del autor

Nací en Teherán, y a pesar de ser orgullosamente canadiense, adoro ser un ciudadano del mundo. He vivido en 10 países y dejé de contar los que visité después del número 60.

Actualmente, divido mi tiempo entre mis casas en Toronto, Denver y Vail, Colorado.

Nunca me han agradado mucho los apodos o las etiquetas ya que creo que son demasiado restrictivas y no me gusta que me encasillen en un estereotipo. Sin embargo, puedo vivir con el título de Artista del Cambio.

Un **cambio** para mí representa un cambio dramático en situaciones críticas en donde puede que no haya casi nada de esperanza. Es arreglar algo en lo que los demás ya se rindieron; es inspirar nuevas posibilidades.

Un **artista** utiliza la creatividad y el ingenio para crear algo excepcional. En este caso, para tener éxito en donde otros se rindieron. A pesar de que cada situación es diferente, las bases siempre son las mismas. Siempre se inicia con el liderazgo, el compromiso e inspirar a las personas.

De manera más personal, soy dedicado meditador de Vipassana. He asistido o he impartido por lo menos un retiro de meditación en silencio de 10 días cada año desde 2010. Le doy el crédito a estos cursos por haber contribuido a acelerar mi crecimiento como líder al ayudarme a cultivar la paciencia, concentración y empatía profunda. Es la mejor decisión y la actividad con mayor impacto que hago cada año.

Mis intereses y mi curiosidad no tienen límites. Soy un cinéfilo, apasionado por el teatro musical, rara vez me negaré a ver música en vivo y soy un esquiador entusiasta y planeo siempre estar aprendiendo un nuevo idioma.

Mi misión

Mi misión en la vida es ayudar a crear más empresas que sean propiedad de los empleados y empleados-propietarios, así como crear las herramientas y los recursos para que este crecimiento continúe mucho después de que yo me haya ido.

Creo que la mejor manera de reducir la brecha de desigualdad económica, empoderar a las personas y fortalecer a nuestra sociedad, es entrenar a los miembros de nuestro equipo para que piensen y actúen como propietarios. Asimismo, crear un ambiente en donde se puedan desarrollar y se proporcionen oportunidades accesibles para que sean parte de la acción.

El primer paso para que una empresa se convierta en una en donde los empleados sean propietarios, es crear ambientes de trabajo que que fomenten la seguridad psicológica y nos llenen de energía para que las personas pueden crear y colaborar en conjunto de manera armoniosa. Soy el Director de Gerencia de una empresa llamada **Core Work Capital** que ayuda a las empresas a convertirse en un lugar en donde los empleados son los propietarios.

Agradecimientos

El acto de agradecer es tan esencial que tiene su propio capítulo en el libro.

Primero, quiero agradecerles a mis padres que han sido una fuente constante de apoyo, ánimo y amor. Las lecciones, el amor y las grandes memorias son mucho más que las dificultades que tuve en el camino. Gracias por todo.

Estoy agradecido con todas las personas con las que he trabajado a lo largo de mi vida profesional. Desde mis mentores, a quienes informaba y a mis colaboradores directos. Este libro relata todo lo que he aprendido de nuestro tiempo juntos. Gracias por ser parte de mi travesía, por su paciencia y comprensión mientras trabajaba en mi desarrollo personal de liderazgo.

Un agradecimiento a mi editor Don Mcnab-Stark. Aunque me siento afortunado de haberte encontrado, ¡tuve que entrevistar a más de 50 personas para encontrarte! Hiciste más de lo que debías y fuiste un elemento clave para hacer de este libro lo que es hoy. Disfruté mucho nuestra colaboración, ¡eres increíble!

Agradezco especialmente a la excepcionalmente talentosa Chiara Ghigliazza por las hermosas ilustraciones de la portada y los íconos de cada capítulo. Muchas gracias a Eled Cernik por tu elegante diseño y trabajo de formato, realmente disfrute trabajar contigo. Gracias a Adiat Junaid, Winnie Czulinski y Erin Zimmer por su orientación y apoyo. ¡Se necesita todo un pueblo!

Cada vez que completo mi diario de gratitud, las personas que suelen aparecer en la lista son los miembros de mi equipo. Sarah Zieve, por tu especial combinación de valor, tenacidad y paciencia. Anju Kalami, por tu espíritu innovador y por llevar los foros@work a África. Dan Downs, por ser simplemente quién eres y por cómo eso nos impulsa como equipo. Lianne du Toit, por tu asombrosa capacidad de resolver creativamente cada situación que se te presenta; nunca dejas de sorprenderme. Ryan Faria, por poner siempre en primer lugar a nuestros usuarios y por tu continua franqueza. Alejandro Zorrilla, por tu creatividad y los atractivos vídeos que creas. Este es el equipo que llevará los Foros a decenas de millones de personas en todo el planeta.

Todos me han ayudado a convertirme en una mejor versión.

Finalmente, quiero agradecer a mis lugares de escritura y a las personas que sin saber o sin querer me inspiraron a lo largo del camino. Desde mi balcón en Toronto, hasta la orilla del río en Vail, Colorado; caminar por el duomo en Florencia todos los días de camino al espacio de coworking y las acogedoras bahías de Isquia, Italia. Odesa, Ucrania, me permitió alejarme de todos y experimentar una nueva cultura. La alegría de Mallorca y Barcelona, España me ayudó a mantener el nivel alto de energía. Además, a todas las Soho Houses en Londres donde los bufetes me permitieron reescribir. Y finalmente París, Francia en donde, con ayuda de unos cuantos tragos, terminé el libro al escribir la primera escena en el Bar Hemingway en el hotel Ritz-Carlton.

La emoción y la inspiración de todas estas personas y lugares están plasmados en estas páginas.

¡Gracias!